Wunderblütenschneebereift

D1857012

SERIE PIPER
Band 1072

Zu diesem Buch

Die traditionellen Bilder des Frühlings sind das Aufkeimen der Natur, das Wiedererwachen der Empfindungen, der Liebesgefühle, das Sehnen und Verlangen. Trotz aller Widersprüche und Gefährdungen des 20. Jahrhunderts spannt sich in dieser Auswahl von Frühlingsgedichten ein Bogen aus dem 18. Jahrhundert bis heute, wenngleich auch Anknüpfungen an frühere Autoren nicht immer nur Nähe und Verbundenheit ausdrücken, sondern gelegentlich distanzierendes, ironisierendes Spiel sind.

Die schönsten Frühlingsgedichte vom Mittelalter bis in die Gegenwart versammelt dieser Band: Von Brockes und Klopstock über Hölderlin, Fontane, Morgenstern und Tucholsky reicht die Reihe der Autoren bis hin zu noch lebenden Lyrikern wie Krolow, Meckel und Ulla Hahn.

Walter Flemmer, geboren 1936 in München. Studium der Germanistik, Geschichte und Philosophie, ab 1960 journalistisch tätig, ab 1962 beim Bayerischen Rundfunk. Seit 1971 ist er Kulturchef und Stellvertreter des Fernsehdirektors für die Programmgruppe Kultur und Familie beim Bayerischen Fernsehen.

WUNDERBLÜTEN-SCHNEEBEREIFT

Frühlingsgedichte

Ausgewählt von
Walter Flemmer

Piper
München Zürich

Von Walter Flemmer herausgegeben
liegen in der Serie Piper außerdem vor:
Alte Wunder wieder scheinen (714)
Nacht, lichter als der Tag (1073)
Dies ist ein Herbsttag, wie ich keinen sah (1074)

ISBN 3-492-11072-x
Originalausgabe
April 1991
© R. Piper GmbH & Co. KG, München 1991
Umschlag: Federico Luci,
unter Verwendung des Gemäldes »Le Printemps« (1908)
von Kees van Dongen (© VG Bild-Kunst, Bonn 1991)
Gesamtherstellung: Clausen & Bosse, Leck
Printed in Germany

Inhalt

Einführung

»Frühling läßt sein blaues Band / Wieder flattern durch die Lüfte«. Diese Zeilen Eduard Mörikes sind ebenso wie der Anfang eines Gedichtes von Heinrich Heine: »Im wunderschönen Monat Mai« und Nikolaus Lenaus Postillion-Gedicht, das mit dem Vers »Lieblich war die Maiennacht / Silberwölkchen flogen« beginnt, zum unvergänglichen, immer wieder zitierten und gesungenen Bestand deutscher Lyrik geworden. Romantische Verse, die es so in anderen Nationalliteraturen nicht gibt.

Frühling, die herbeigesehnte Jahreszeit, die die Plagen des Winters beendet. Aufkeimen der Natur, Wiedererwachen der Liebesgefühle. »Sehnen und Verlangen«; »Als die Knospe sprang. / Da ist in meinem Herzen / Die Liebe aufgegangen«. Das sind die Topoi der deutschen Frühlingslyrik vom Mittelalter bis in die Gegenwart.

Schon Walther von der Vogelweide hat das Ende der Winterzeit und den Mai als die Zeit der Minne besungen: »So di bluomen uz dem grase dringent, / same si lachen gegen den spilden sunnen, / in einem meien an dem morgen fruo, / und diu kleinen vogellin wol singent / in ir besten wise die si kunnen.« Und dann sagt er, nur die Gestalt der edlen Frau überträfe dieses Frühlingsglück. »Wollt ihr die Wahrheit wissen, so laßt uns alle nun zum Fest des Maien gehn! Der ist mit aller Macht gekommen. Schaut ihn an und dann die schönen Frauen und seht, wer Sieger bleibt.« (Übertragen von Jörg Schaefer)

Ein ununterbrochener Bogen reicht vom Mittelalter bis in die unmittelbare Gegenwart zu Krolow, Meister, Meckel oder Ulla Hahn. Alle feiern, loben sie die Frühlingstage, die Zeit der neuen wiedererwachten Empfindungen. Auch wenn die Anspielung auf das Frühlingsgeschehen gebrochen oder einmal lakonisch erfolgt, der Wandel der Jahreszeiten, der Übergang vom Winter in die warmen Tage ist ein nahezu unverändertes Stimulans für die Lyrik.

Jahreszeitengedichte haben in Deutschland eine lange Tradition, aber unter den Jahreszeiten ist der Frühling die beliebteste, die, so könnte man sagen, »menschlichste« und romantischste.

Frühling: symbolische Zeit, Zeit, in der das nie ganz erkaltete Leben wieder aufwachen kann. Zeit, in der sich die Heiterkeit des Schöpfungsmorgens und die unwiderstehliche Kraft der Natur Raum verschaffen. Alte Bäume: im Frühling wieder jung geworden. Die ersten Knospen haben schon die schützenden Lederhüllen durchbrochen, und auch am Geäst, das abgestorben schien, sind Knospen zu sehen.

Schneeglöckchen und Krokus, die die Erde durchbrechen. Gelbe Büschel der Primel, die zwischen frisch gefallenem, dem letzten Schnee leuchten.

So entdeckt auch der Mensch, daß er neu seine Glieder strecken kann, daß er auf Wachsen und Zukunft hin angelegt ist, daß immer wieder neue Kräfte in ihm geweckt werden können und er Vertrauen und Freude empfinden, daß er mit dem Leben, auch seinem Leben rechnen kann.

Frühling öffnet, macht weit. Frühling mag, wie Kästner sagt, »Melancholie und Freude« sein. Noch ein kleines Zögern, ein Ahnen, und dann der Ausruf: »O, gäb es doch ein Jahr aus lauter Mai«. Das unglaubliche Jungwerden, wie es sich im frischen Grün und Gras zeigt, kann »manches Herz« genesen lassen, kann neue Hoffnung bringen.

Die deutsche Lyrik ist dort, wo sie am innigsten ist, auch am welthaltigsten, und sie ist immer wieder Frühlings- und Liebeslyrik. Sie vermag, vielleicht mit wenigen Ausnahmen bei Goethe oder in Mörikes unvergleichlichem Gedicht aus dem *Maler Nolten*: »Ein Irrsal kam in die Mondscheingärten«, nicht, die aufwühlende Urkraft des Lebens, der Verzweiflung, des Rausches zu beschreiben, wie dies z. B. in unserem Jahrhundert großartig Pablo Neruda gelungen ist. Die deutsche Liebes- und damit auch Frühlingslyrik ist inniger, zurückhaltender, leiser und manchmal, wie bei Elisabeth Langgässer, mystischer.

Noch ganz in vorgegebenen Bildern verhaftet schreibt Robert Roberthin, der 1600 geborene Dichter, in der ersten Hälfte des 17. Jahrhunderts sein »Frühlingslied«. Nachdem er die Herrlichkeit des »holden Lenz« mit Lerchen- und Nachtigallenklang, mit den Fischen, die in der Flut »scherzen« und der »jungen Brut« der Bienen gepriesen hat, kommt er auf den Menschen, der sich in Sorgen vergräbt und schließlich vor »ein schreckliches Gericht« gezogen wird.

Und auch Friedrich von Logau stellt den »Frühlingslüsten« die Kriegslust des Gottes Mars gegenüber, der »mordet, raubt und brennt«, so daß der Mensch sogar im Frühling »vor trübem Kränken... die Stirne senken« muß.

Philipp Harsdörffer häuft ebenfalls in seinem Frühlingslied, das nach einem geistlichen Ton gesungen werden sollte, die Attribute des neuen Lebens an, um in der letzten Strophe der Schönheit dieser Welt die Schönheit Gottes gegenüberzustellen, die alle andere Schönheit zu schnöder Zier macht. Diese Tradition wird mit geringen Variationen in die Aufklärung hinein fortgeführt und wird in Barthold Hinrich Brockes' Gedicht »Kirschblüte bei der Nacht« geradezu in gleicher Dramaturgie aufgebaut. Doch im Vergleich zu seinen Vorläufern ist hier schon eine individuelle genaue Beobachtung der Natur unverkennbar. Wie Brockes das sanfte Licht des Mondes durch die zarten Blätter brechen läßt, war vor ihm in der deutschen Lyrik nicht möglich. Und die Zeilen: »Der Blüte Schnee schien schwarz zu sein / Bei diesem weißen Glanz«, ist ein Bild von weltliterarischer Qualität.

Friedrich Gottlieb Klopstock gelingt mit dem Gedicht »Das Rosenband« ein bezauberndes Rokokobildchen, während er in dem berühmten Gedicht »Die Frühlingsfeier« hymnisch Frühling und Weltschöpfung zueinanderführt.

Das umfangreichste deutsche Frühlingsgedicht – 460 Hexameter – hat der 1715 in Zeblin/Pommern geborene Ewald Christian von Kleist geschrieben, ein preußischer Offizier, der am 12. August 1759 in der Schlacht bei Kunersdorf schwer verwundet wurde und am 24. August in Frankfurt an der Oder starb. Kleists Lyrik ist so gut wie unbekannt geblieben, jedoch das Gedicht »Der Frühling«, der Titel stammt von Gleim, das er 1746 begonnen und mehrmals überarbeitet hatte, begründete seinen Platz in der deutschen Literatur. Wie er anschaulich, realistisch und lebendig die märkische Havellandschaft beschreibt und den Frühling zum sinnlichen Erlebnis werden läßt, wie er Allegorie und Staffage hinter sich läßt, ist einmalig. Sein Gedicht, angeregt durch die »Jahreszeiten« des englischen Dichters James Thomson, nimmt Anregungen von Brockes und aus Hallers Lehrgedicht »Die Alpen« auf und bringt gleichzeitig mit Klopstock den Hexameter in die deutsche Dichtung. Sein Gedicht vollzieht die Abkehr von der Anakreontik und weist auf Goethe und Hölderlin voraus.

Bei Brockes, Haller, Gleim und Klopstock, bei Gotter und Hölty stehen sich Natur und Mensch noch gegenüber. In Goethes »Mailied« das vermutlich 1717 entstand, 1775 erstmals im Druck erschien, ursprünglich »Maifest« überschrieben war und den endgültigen Titel erst in den *Schriften* 1789 erhielt, ist diese Zweiteilung aufgehoben.

Erich Trunz hat in der Hamburger Ausgabe von Goethes Werken über dieses Gedicht gesagt, es sei der Höhepunkt der Sesenheimer Lyrik, »Goethes erstes ganz großes Gedicht, eben darum auch ein Markstein in den Linien der geschichtlichen Entwicklung«. Und: »Völliges Einssein von Natur und Mensch in der Sprache... Vollends ziehen die Zeilen 25–30 Lerche, Morgenblumen und Ich zusammen in einer einzigen großen Bewegung. Je mehr uns das Lied in diesen festlichen Wirbel hineinzieht, desto mehr wird das Kosmische der Liebe deutlich. Das liebende Mädchen, das liebende Ich, sind Natur und sind darum eins mit dieser festlichen Landschaft.«

Goethes Gedicht – auch in der Geschichte der deutschen Frühlingslyrik ist es Zäsur, »dieser Stil« hatte, wie Erich Trunz sagt, »Zukunft«.

Und Goethe macht aus dem Gedicht der Lyrikerin Friederike Brun, das mit den Zeilen: »Ich denke dein / Wenn sich im Blütenregen / Der Frühling malt« beginnt und 1795 im *Vossischen Musenalmanach* erschienen war, sein Gedicht »Nähe des Geliebten«, eines seiner Weltgedichte.

Die Frühlingsgedichte der Romantik nehmen zu recht einen großen Teil dieser Anthologie ein, und von jedem der Dichter, von Tieck, Brentano, Achim von Arnim, zu Eichendorff, Rückert, Lenau und Mörike, müßten eigentlich mehr als die aufgenommenen Gedichte gebracht werden.

Die deutsche Romantik entdeckt nicht nur einmalig und unwiederholbar die Natur, sie schafft gleichsam den Wald als poetischen Raum und gibt den Stimmungen der verschiedenen Jahreszeiten Gestalt.

Die Frühlings- und Morgenstimmungen, die Lerchenstimmen, die mondbeglänzten Zaubernächte sind nun Kennzeichen einer lyrischen Epoche.
Vor allem dem Frühling ist die romantische Lyrik zugetan. Jetzt werden die »lauen Lüfte«, die »Blumendüfte«, der »süße Mai«, die »bange Reiselust«, das Sich-jung-Fühlen in Verse gebracht. Und der Dichter ruft sich zu: »Nun armes Herz, vergiß die Qual! / Nun muß sich alles, alles wenden«. Die »bange Reiselust« wird zur Wanderlust mit Hörnerklängen und den tausend lockenden Stimmen. Die Lerche und der Lerchenton kehren immer wieder, der Mai wird zur hohen Zeit der Liebesgeständnisse, der Mondscheinwanderungen. Eduard Mörike schließlich findet zurück zur geradezu klassischen Klarheit und Ruhe in dem Gedicht »Im Frühling«, das mit der Zeile: »Hier lieg ich auf dem Frühlingshügel« beginnt und am Ende die »alten, unnennbaren Tage« beschwört. Und Mörike trifft auch den ganz reinen Liedton, der nicht der Musik bedarf, um ganz Melodie zu sein: »Frühling läßt sein blaues Band / Wieder flattern durch die Lüfte«.
Auch bei Theodor Fontane noch ein Nachklang der Romantik, während Conrad Ferdinand Meyer in strenger Form den »Lenz« symbolisch ins Gedicht bringt: »Nach seinem Lenze sucht das Herz / In einem fort, in einem fort«.
Christian Morgenstern und August Stramm: präzise Beobachter, die aus dem Augenblick die ganze Welt heraussehen. Morgenstern noch in »wunderlicher Ahnung«, Stramm in expressionistischer Explosion: »Aus frischen Leibesbrüchen schreien Halme Ströme«.
Viele Gedichte Rainer Maria Rilkes beschwören den Herbst, viele beschreiben den Frühling in neuen, zuvor nie erschienenen Bildern, lassen neue Erfahrungen zu: »Frühling ist wiedergekommen. Die Erde / ist wie ein Kind, das Gedichte weiß«. Im Wunder der neuen Sprache gelingt es dem Gedicht die allgemeine Erfahrung neu auszusprechen. In den »großen Sternen einer Frühlingsnacht« aus dem 1907 in Capri geschriebenen Gedicht »Die Nacht der Frühlingswende« wird plötzlich ein neuer zukünftiger Raum und Innen-Raum aufgetan. Und wer hätte vor Rilke diese Zeilen schreiben können: »Härte schwand. Auf einmal legt sich Schonung / an der Wiesen aufgedecktes Grau«?

Hermann Hesse greift alle Farben und Düfte auf, die schon die Romantik benannt und gespürt hatte. Seine Frühlingsgedichte: gemalte Verse.

Während bei Georg Trakl der Frühling zum »Frühling der Seele« wird, in dem »das Schweigen des Tiers« ebenso zuhause ist wie »gewaltiges Sterben«, widmet sich Kurt Tucholsky erstmals mit leichter Hand und satirisch den Lenzsymptomen, die sich ihm »zuerst beim Hunde« zeigen.

Und Bertolt Brecht führt in die immer noch meist romantisch erfahrenen lyrischen Frühlingstage den Zeit-Geist ein: »Und als dann kam der Monat Mai / war ein tausendjähriges Reich vorbei«, denn: »noch lesen wir in Büchern / Von dieser gefeierten Jahreszeit / Und doch sind schon lange / Nicht mehr gesichtet worden über unseren Städten / Die berühmten Schwärme der Vögel.«

Doch trotz Bertolt Brecht und den nur noch in den Büchern eigentlich auffindbaren Frühlingstagen kommt die Lyrik nicht los vom Mai. Magisch erfahren bei Elisabeth Langgässer; im »mystischen Frühling« werden eigenes Schicksal und wohl eigene Schuld gegenwärtig: »Schuld und Schicksal dufte fort«, bis schließlich im »Frühling 1946« das »Kind Nausikaa« auftaucht, die eigene, den Schlächtern des Naziregimes ausgelieferte Tochter.

Erich Kästner nötigen der Mai und auch »besagter Lenz« ein Lächeln ab: »Es ist zwar jedes Jahr dieselbe Sache, doch es ist immer wie zum erstenmal.«

In die unmittelbare Gegenwart und die zweite Hälfte dieses Jahrhunderts führen Peter Huchel, Marie Luise Kaschnitz und Günter Eich. Günter Eich kann sogar in der Gefangenschaft schreiben: »Ungerührt von allem besteht / die Vollkommenheit der Welt«, nachdem er vorher »Ekel und Qual« benannt hat.

Unter den Gedichten Rose Ausländers gibt es eine Reihe von Frühlingsgedichten, die weniger Preis- als Schmerzlieder sind. »Mai / mein Monat / du streust / den weißen / Blütenschnee / mir in den Nacken / Er brennt.«

Karl Krolows frühe und auch die Gedichte der späten Jahre spielen immer wieder geradezu lakonisch mit den Frühlingsgefühlen. Während es 1964 noch heißt: »Häuser bekommen über Nacht / Gärten, in denen / das Licht scherzt«, trägt ein Frühlingsgedicht von 1975 den Titel »Gute Nacht« und in ihm ist von der »Vorbereitung auf den Tod« die Rede.

Nicht von ungefähr fallen in Krolows Frühlingsgedichten die Namen Hölty und Mörike, und Johannes Bobrowsky hat ein Gedicht sogar »An Hölty« überschrieben.

Trotz aller Fährnisse und Gefährdungen des 20. Jahrhunderts spannt sich ein Bogen aus dem 18. Jahrhundert bis in die Gegenwart, auch wenn die Nennung der Namen nicht nur Nähe und Verbundenheit, sondern gelegentlich distanzierendes, ironisierendes Spiel sein mögen.

So gut wie keiner der Lyriker der Gegenwart spart den Frühling aus. Weder Heinar Kipphardt noch Hans Magnus Enzensberger, nicht Jürgen Becker, Sarah Kirsch und andere.

Wolf Biermann knüpft an Bertolt Brecht an, wenn er in dem Gedicht »Die Mainacht« an den Pariser Mai von 1968 denkt.

Mit herrlicher Leichtigkeit spielt Ulla Hahn mit der Vergangenheit. »Ich schmeiß / dir mit Veilchen die Fenster / ein jeder sehe wie / ichs treibe wenn / du nicht sofort / die Rößlein einspannst«, lautet die letzte Zeile ihres Gedichts »Im Märzen«. Ob Ursula Krechel, Georg Bulla, Michael Gutzschhahn oder Uwe Kolbe, alle zeigen, daß der Frühling in den Gedichten noch nicht zu Ende ist, daß allen Umweltsorgen zum Trotz oder diese mit eingeschlossen, das Lob der Frühlingstage nicht aufgehört hat. »Komm! Die Luft ist rein / ich lock dich lock dich / tief in die Haselbüsche«, schreibt Ursula Krechel.

Robert Roberthin

Frühlingslied

Er kömmt in seiner Herrlichkeit,
Der holde Lenz, hernieder
Und schenket seine Wonnezeit
Dem Erdenkreise wieder;

Er malt die Wolken mit Azur,
Mit Gold der Wolken Rände,
Mit Regenbogen Tal und Flur,
Mit Schmelz die Gartenwände;

Er kleidet den entblößten Baum,
Deckt ihn mit einer Krone,
Daß unter seinem Schattenraum
Das Volk der Vögel wohne.

Wie preiset ihrer Lieder Schall
Die Wunder seiner Rechten,
Die Lerch am Tage, Nachtigall
In schauervollen Nächten!

Die Fische scherzen in der Flut,
Die Herden auf der Weide,
Es schwärmt der Bienen junge Brut
Auf der beblümten Heide.

Der Mensch allein, der Schöpfung Haupt,
Vergräbet sich in Sorgen,
Ist immer seiner selbst beraubt,
Lebt immer nur für morgen;

Ihn weckt Auroras güldner Strahl,
Ihm lacht die Flur vergebens,

Er wird, nach selbstgemachter Qual,
Der Henker seines Lebens,

Das ohnehin wie ein Gesicht
Des Morgentraums entfliehet,
Und vor ein schreckliches Gericht
Ihn, den Verbrecher, ziehet.

Friedrich von Logau

Der Frühling

Da der Himmel gütig lachet,
Da die Erd ihr Brautkleid machet,
Da sich Feld und Wiese malen,
Da der Bäume Häupter strahlen,
Da die Brunnen Silber gießen,
Da mit Funkeln Bäche fließen,
Da die Vögel Lieder singen
Und die muntern Fische springen:
O, so muß vor trübem Kränken
Bloß der Mensch die Stirne senken,
Weil vor solchen Frühlingslüsten
Mars erneuert sein Verwüsten,
Mars, der dies für Lust erkennet,
Wenn er mordet, raubt und brennet.

Der Mai

Dieser Monat ist ein Kuß, den der Himmel gibt der Erde,
Daß sie, jetzund seine Braut, künftig eine Mutter werde.

Simon Dach

Die Sonne rennt mit Prangen

Die Sonne rennt mit Prangen
Durch ihre Frühlings-Bahn,
Sie lacht mit ihren Wangen
Den runden Erdkreis an,
Der Westwind läßt sich hören,
Die Flora, seine Braut,
Kommt auch uns zu verehren
Mit Blumen, Gras und Kraut.

Die Vögel kommen nisten
Aus fremden Ländern her,
Das Vieh hängt nach den Lüsten,
Die Schiffe gehn ins Meer,
Der Schäfer hebt zu singen
Von seiner Phyllis an,
Die Welt geht wie im Springen,
Es freut sich, was nur kann.

Drum wer anitzt zum Lieben
Ein ehrlich Mittel hat,
Der flieh es aufzuschieben,
Und folge gutem Rat,
Weil alles, was sich reget,
In dem es sich verliebt
Und zu seins gleichen leget,
Hiezu uns Anlaß gibt.

Georg Philipp Harsdörffer

Der Frühling
Lied
Im Ton: Christ unser Herr zum Jordan kam, etc.

Der frohe Frühling kommet an,
der Schnee dem Klee entweichet:
Der Lenz, der bunte Blumen-Mann
mit linden Winden häuchet:
Die Erd eröffnet ihre Brust,
mit Saft und Kraft erfüllet:
der zarte West, der Felderlust,
hat nun den Nord gestillet.

Es hat der silberklare Bach
den Harnisch ausgezogen:
es jagt die Flut der Flute nach,
durch bunten Kies gesogen.
Das Tauen nun die Auen frischt
die weiße Wollen Herde
auf neubegrünten Teppich tischt,
und tanzet auf der Erde.

Man hört die heisre Turteltaub,
die Schwalb und Nachtigallen,
die grünlich weiße Blüt und Laub
muß aus den Knöpfen fallen
und bauen diesen Schattenthron
den Luft- und Feldergästen.
Die Rosen knüpft der Dörner Kron
von schwachen Stachelästen.

Die Sonne nunmehr stärker scheint
und machet früher wachen.
Allein der dürre Reben weint,

wann Feld und Wälder lachen:
Die hochgeschätzte Tulipan,
das Sinnbild[1] auf dem Bette,
zieht ihre fremden Kleider an
und pranget in die Wette.

Der Immen Markt, der Blumen Plan,
Narzissen und Violen,
die Nelken, Lilien, Majoran,
ist nunmehr unverholen.
Die kleinen Honig-Vögelein
den Zucker distillieren
und hängen in die Wachsburg ein,
was sie zusammenführen.

Ach Gott, der du mit so viel Gut
bekrönst des Jahres Zeiten,
laß uns auch mit erfreutem Mut
zum Paradies bereiten:
Da wir dich werden für und für
die schönste Schönheit finden,
dagegen diese schnöde Zier
ist eitler Kot der Sünden.

1 Lipsius Tulipas Hortorum Emblemata vocat.

Johann Klaj

Vorzug des Frühlings

Im Lenzen, da glänzen die blumigen Auen,
Die Auen, die bauen die perlenen Tauen,
Die Nymphen in Sümpfen ihr Antlitz beschauen.

Es schmilzt der Schnee,
Man segelt zur See,
Bricht güldenen Klee.

Die Erlen den Schmerlen den Schatten versüßen,
Sie streichen, sie laichen in blaulichten Flüssen,
Die Angel aus Mangel und Reißen beküssen.
Die Lerche, die singt,
Das Haberrohr klingt,
Die Schäferin springt.

Die Hirten in Hürden begehen den Maien,
Man zieret und führet den singenden Reihen,
Die Reihen, die schreien um neues Gedeihen.
Die Herde, die schellt,
Der Rüde, der bellt,
Das Euter, das schwellt.

Catharina Regina von Greiffenberg

Gott-lobende Frühlings-Lust

Jauchzet, Bäume! Vögel, singet! tanzet, Blumen, Felder, lacht!
Springt, ihr Brünnlein! Bächlein, rauscht! spielet, ihr gelinden Winde!
Walle, lust-bewegtes Traid! süße Flüsse, fließt geschwinde!
Opfert Lob-Geruch dem Schöpfer, der euch frisch und neu gemacht!

Jedes Blühlein sei ein Schale, drauf Lob-Opfer ihm gebracht,
Jedes Gräslein eine Säul, da sein Namens-Ehr man finde.
An die neu-belaubten Ästlein Gottes Gnaden-Ruhm man binde!
Daß, so weit sein Güt sich strecket, werd auch seiner Ehr gedacht.

Du vor alles, Menschen-Volk, seiner Güte Einfluß-Ziele,
Aller Lieblichkeit Genießer, Abgrund, wo der Wunderfluß
Endet und zu Gut verwendet seinen lieb-vergüldten Guß,

Gott mit Herz, Hand, Sinn und Stimm lobe, preise, dicht und spiele!
Laß vor Lieb- und Lobes-Gier Mut und Blut zu Kohlen werden,
Lege Lob und Dank darauf: Gott zum süßen Rauch auf Erden.

Barthold Hinrich Brockes

Kirschblüte bei der Nacht

Ich sahe mit betrachtendem Gemüte
Jüngst einen Kirschbaum, welcher blühte,
In kühler Nacht beim Mondenschein;
Ich glaubt, es könne nichts von größrer Weiße sein.

Es schien, ob wär ein Schnee gefallen.
Ein jeder, auch der kleinste Ast
Trug gleichsam eine rechte Last
Von zierlich weißen runden Ballen.
Es ist kein Schwan so weiß, da nämlich jedes Blatt,
Indem daselbst des Mondes sanftes Licht
Selbst durch die zarten Blätter bricht,
Sogar den Schatten weiß und sonder Schwärze hat.
Unmöglich, dacht ich, kann auf Erden
Was Weißers angetroffen werden.

Indem ich nun bald hin, bald her
Im Schatten dieses Baumes gehe,
Sah ich von ungefähr
Durch alle Blumen in die Höhe
Und ward noch einen weißern Schein,
Der tausendmal so weiß, der tausendmal so klar,
Fast halb darob erstaunt, gewahr.
Der Blüte Schnee schien schwarz zu sein
Bei diesem weißen Glanz. Es fiel mir ins Gesicht
Von einem hellen Stern ein weißes Licht,
Das mir recht in die Seele strahlte.

Wie sehr ich mich am Irdischen ergetze,
Dacht ich, hat Er dennoch weit größre Schätze.
Die größte Schönheit dieser Erden
Kann mit der himmlischen doch nicht verglichen
werden.

Ewald Christian von Kleist

Aus: Der Frühling

Empfangt mich heilige Schatten! ihr Wohnungen
süßer Entzückung,
Ihr hohen Gewölbe voll Laub und dunkler
schlafender Lüfte!
Die ihr oft einsamen Dichtern der Zukunft
Fürhang zerrissen,
Oft ihnen des heitern Olymps azurne Toren
eröffnet
Und Helden und Götter gezeigt; Empfangt mich
füllet die Seele
Mit holder Wehmut und Ruh! O daß mein
Lebensbach endlich
Von Klippen, da er entsprang, in euren Gründen
verflösse!
Führt mich in Gängen voll Nacht zum glänzenden
Throne der Tugend,
Der um sich die Schatten erhellt. Lehrt mich den
Widerhall reizen
Zum Ruhm der verjüngten Natur. Und ihr, ihr
lachenden Wiesen!
Ihr Labyrinthe der Bäche, betaute Täler voll
Rosen!
Ich will die Wollust in mich mit eurem Balsam-
hauch ziehen,
Und wenn Aurora euch weckt mit ihren Strahlen
sie trinken.
Gestreckt im Schatten will ich in güldne Saiten
die Freude,
Die in euch wohnet, besingen. Reizt und begeistert
die Sinnen,
Daß meine Töne die Gegend wie Zefirs Lispeln
erfüllen,

Der jetzt durchs Veilchen-Tal fleucht, und
wie die rieselnden Bäche.

Auf rosenfarbnem Gewölk bekränzt mit Tulpen
und Lilien
Sank jüngst der Frühling vom Himmel. Aus
seinen Busen ergoß sich
Die Milch der Erden in Strömen. Schnell glitt
von murmelnden Klippen
Der Schnee in Bergen herab; Des Winters Gräber
die Flüsse,
Worin Felshügel von Eis mit hohlem Getöse
sich stießen,
Empfingen ihn, blähten sich auf voll ungeduldiger
Hoffnung,
Durchrissen nagend die Dämme, verschlangen
fräßig das Ufer
Wald, Feld und Wiese ward Meer. Kaum sahn
die Wipfel der Weiden
Im Tal draus wankend herfür. Gefleckte Täucher
und Enten
Verschwanden, schossen herauf, und irrten
zwischen den Zweigen
Wo sonst für Schmerzen der Liebe im Laub
die Nachtigall seufzte.
Der Hirsch von Wellen verfolgt streift auf
unwirtbare Felsen,
Die traurig die Flut übersahn. Ergriffene Bären
durchstürzten
Das anfangs seichte Gewässer voll Wut, sie
schüttelten brummend
Die um sich gießenden Zoten. Bald sank der
treulose Boden
Sie schnoben, schwammen zum Wald, umschlangen
Tannen und Eichen
Und huben sich träufelnd empor. Hier hingen
sie ängstlich im Wipfel,

Von reißenden Winden, vom Heulen der Flüsse-
speienden Klippen
Und untern Tiefe gescheucht. Der Büsche
versammlete Sänger,
Betrachteten traurig und stumm von dürren
Armen der Linden
Das vormals glückliche Tal, wo sie den flehenden
Jungen
Im Dornstrauch Speise verteilt. Die ange-
kommende Lerche
Sich aufwärts schwingend, beschaute die Wasser-
wüste von oben
Und suchte verlaßne Gefilde. Es flossen Schäuren
und Wände
Und Dächer und Hütten herum. Aus Giebeln und
gleitenden Kähnen
Versah der trostlose Hirt sich einer Sündflut,
die vormals
Die Welt umrollte, daß Gemsen in schlagenden
Wogen versanken.

Der Boden trank endlich die Flut. Von eilenden
Dünsten und Wolken
Flohn junge Schatten umher. Den blauen Umfang
des Himmels
Durchbrach ein blitzendes Gold. Zwar streute
der weichende Winter
Noch oft bei nächtlicher Umkehr von den
geschüttelten Schwingen
Reif, Eis und Schaure von Schnee; Noch ließen
wütrische Stürme
Die rauhe dumpfigte Stimm aus Islands Gegend
ertönen
Durchstreiften klagende Klüfte, verheerten
taumelnde Wälder
Und bliesen Schrecken herum, und Über-
schwemmung von Kälte;

Bald aber siegte der vor noch ungesicherte
Frühling.
Die Luft ward sänfter; Ein Teppich geschmückt
mit Ranken und Laubwerk,
Von Büschen, Blumen und Klee, wallt auf
Gefilden und Auen,
Die Schatten wurden belaubt, ein sanft Getöne
erwachte,
Und floh und wirbelt umher im Hain voll
grünlicher Dämmrung.
Die Bäche färbten sich silbern, im Luftraum
flossen Gerüche
Und Echo höret im Grunde die frühe Flöte
des Hirten.
Ihr! deren zweifelhaft Leben gleich trüben
Tagen des Winters
Ohne Licht und Freude verfließt, die ihr in
Höhlen des Elends
Die finstere Stunde verseufzt, betrachtet
die Jugend des Jahres!
Dreht jetzt die Augen umher, laßt tausend
farbige Szenen
Die schwarzen Bilder verfärben! Es mag die
niedrige Ruhmsucht
Die schwache Rachgier, der Geiz und seufzender
Blutdurst sich härmen
Ihr seid zur Freude geschaffen, der Schmerz
schimpft Tugend und Unschuld.
Saugt Lust und Anmut in euch! schaut her!
sie gleitet im Luft-Kreis
Und grünt und rieselt im Tal. Und ihr,
ihr Bilder des Frühlings
Ihr blühenden Schönen! flieht jetzt den
atemraubenden Aushauch
Von güldnen Kerkern der Städte. Kommt! kommt! in
winkende Felder
Kommt! überlasset dem Zefir zum Spiel die Wellen
der Locken,

Seht euch in Seen und Bächen gleich jungen
Blumen des Ufers
Pflückt Morgentulpen voll Tau, und ziert den
wallenden Busen.

Johann Peter Uz

Frühlingslust

Seht den holden Frühling blühn!
Soll er ungenossen fliehn?
Fühlt ihr keine Frühlingstriebe?
Freunde, weg mit Ernst und Leid!
In der frohen Blumenzeit
Herrsche Bacchus und die Liebe.

Die ihr heute scherzen könnt,
Braucht, was euch der Himmel gönnt
Und wohl morgen schon entziehet.
Denn wer ists, der wissen mag,
Ob für ihn ein Frühlingstag
Aus Aurorens Armen fliehet?

Hier sind Rosen! Hier ist Wein!
Soll ich ohne Freude sein,
Wo der alte Bacchus lachet?
Herrsche, Gott der Fröhlichkeit!
Herrsche, denn es kommt die Zeit,
Die uns trübe Stirnen machet.

Aber, Phyllis läßt sich sehn!
Seh ich Amorn mit ihr gehn?
Ihm wird alles weichen müssen.

Weiche, Wein! Wo Phyllis ist,
Trinkt man seltner als man küßt:
Bacchus, weg! Ich will nun küssen.

Friedrich Gottlieb Klopstock

Das Rosenband

Im Frühlingsschatten fand ich Sie,
Da band ich Sie mit Rosenbändern:
Sie fühlt es nicht und schlummerte.

Ich sah Sie an; mein Leben hing
Mit diesem Blick an Ihrem Leben:
Ich fühlt es wohl und wußt es nicht.

Doch lispelt ich Ihr sprachlos zu
Und rauschte mit den Rosenbändern:
Da wachte Sie vom Schlummer auf.

Sie sah mich an; Ihr Leben hing
Mit diesem Blick an meinem Leben,
Und um uns wards Elysium.

Die Frühlingsfeier

Nicht in den Ozean der Welten alle
Will ich mich stürzen, schweben nicht,
Wo die ersten Erschaffnen, die Jubelchöre der Söhne des Lichts,
Anbeten, tief anbeten und in Entzückung vergehn.

Nur um den Tropfen am Eimer,[1]
Um die Erde nur, will ich schweben und anbeten.
Halleluja! Halleluja! Der Tropfen am Eimer
Rann aus der Hand des Allmächtigen auch.

Da der Hand des Allmächtigen
Die größeren Erden entquollen,
Die Ströme des Lichts rauschten, und Siebengestirne wurden,
Da entrannest du, Tropfen, der Hand des Allmächtigen!

Da ein Strom des Lichts rauscht, und unsre Sonne wurde,
Ein Wogensturz sich stürzte wie vom Felsen
Der Wolk herab und den Orion gürtete,
Da entrannest du, Tropfen, der Hand des Allmächtigen!

Wer sind die tausendmal tausend, wer die Myriaden alle,
Welche den Tropfen bewohnen und bewohnten, und wer bin ich?
Halleluja dem Schaffenden! mehr, wie die Erden, die quollen,
Mehr, wie die Siebengestirne, die aus Strahlen zusammenströmten!

Aber du, Frühlingswürmchen,
Das grünlichgolden neben mir spielt,
Du lebst und bist vielleicht
Ach, nicht unsterblich!

Ich bin herausgegangen, anzubeten,
Und ich weine? Vergib, vergib
Auch diese Träne dem Endlichen,
O du, der sein wird!

1 Altes Testament: Jes. 40,15 und Sir. 18,8.

Du wirst die Zweifel alle mir enthüllen,
O du, der mich durch das dunkle Tal
Des Todes führen wird! Ich lerne dann,
Ob eine Seele das goldene Würmchen hatte.

Bist du nur gebildeter Staub,
Sohn des Mais, so werde denn
Wieder verfliegender Staub,
Oder was sonst der Ewige will!

Ergeuß von neuem du, mein Auge,
Freudentränen!
Du, meine Harfe,
Preise den Herrn!

Umwunden wieder, mit Palmen
Ist meine Harf umwunden. Ich singe dem Herrn!
Hier steh ich. Rund um mich
Ist Alles Allmacht und Wunder Alles!

Mit tiefer Ehrfurcht schau ich die Schöpfung an,
Denn Du,
Namenloser, Du
Schufest sie!

Lüfte, die um mich wehn, und sanfte Kühlung
Auf mein glühendes Angesicht hauchen,
Euch, wunderbare Lüfte,
Sandte der Herr, der Unendliche!

Aber jetzt werden sie still, kaum atmen sie.
Die Morgensonne wird schwül;
Wolken strömen herauf;
Sichtbar ist, der kommt, der Ewige!

Nun schweben sie, rauschen sie, wirbeln die Winde.
Wie beugt sich der Wald, wie hebt sich der Strom!

Sichtbar, wie du es Sterblichen sein kannst,
Ja, das bist du, sichtbar, Unendlicher!

Der Wald neigt sich, der Strom fliehet, und ich
Falle nicht auf mein Angesicht?
Herr, Herr, Gott, barmherzig und gnädig!
Du Naher, erbarme dich meiner!

Zürnest du, Herr,
Weil Nacht dein Gewand ist?
Diese Nacht ist Segen der Erde.
Vater, du zürnest nicht!

Sie kommt, Erfrischung auszuschütten
Über den stärkenden Halm,
Über die herzerfreuende Traube.
Vater, du zürnest nicht!

Alles ist still vor dir, du Naher!
Rings umher ist Alles still.
Auch das Würmchen, mit Golde bedeckt, merkt auf.
Ist es vielleicht nicht seelenlos? ist es unsterblich?

Ach, vermöcht ich dich, Herr, wie ich dürste, zu preisen!
Immer herrlicher offenbarest du dich,
Immer dunkler wird die Nacht um dich
Und voller von Segen!

Seht ihr den Zeugen des Nahen, den zückenden Strahl?
Hört ihr Jehovahs Donner?
Hört ihr ihn, hört ihr ihn,
Den erschütternden Donner des Herrn?

Herr, Herr, Gott,
Barmherzig und gnädig!
Angebetet, gepriesen
Sei dein herrlicher Name!

Und die Gewitterwinde? sie tragen den Donner.
Wie sie rauschen, wie sie mit lauter Woge den Wald
durchströmen!
Und nun schweigen sie. Langsam wandelt
Die schwarze Wolke.

Seht ihr den neuen Zeugen des Nahen, den fliegenden Strahl?
Höret ihr hoch in der Wolke den Donner des Herrn?
Er ruft: Jehovah! Jehovah!
Und der geschmetterte Wald dampft;

Aber nicht unsere Hütte.
Unser Vater gebot
Seinem Verderber,
Vor unsrer Hütte vorüberzugehn.

Ach, schon rauscht, schon rauscht
Himmel und Erde von gnädigen Regen.
Nun ist – wie dürstete sie – die Erd erquickt,
Und der Himmel der Segensfüll entlastet.

Siehe, nun kommt Jehovah nicht mehr im Wetter;
In stillem, sanftem Säuseln
Kommt Jehovah,
Und unter ihm neigt sich der Bogen des Friedens.[2]

2 Der Regenbogen: Vgl. 1. Mos. 9,12 ff.

Christian Friedrich Daniel Schubart

Todesgedanken im Frühling

Welche Stimme schallet
Vom Gebirg und wallet
Um mein lauschend Ohr;
Welche Silbertöne
Rufen: »meine Schöne
Auf! und tritt hervor.«
Schaue nur,
Wie die Natur
Sich in ihrer Pracht erhebet
Und aufs neue lebet.

Schnee und Regengüsse
Sind dahin. Die Flüsse
Wandeln ihren Lauf.
Komm aus deiner Hütte,
Unter deinem Schritte
Sprossen Blumen auf.
Komm und schau
Den Morgentau
Tausend goldne Sonnenstrahlen
Auf die Veilchen malen.

Balsamreiche Düfte
Schwimmen durch die Lüfte;
Denn der Weinstock blüht.
Hör! die Turteltaube
Girrt aus jener Laube
Dir ein Frühlingslied.
Auf! der Mai
Flieht sonst vorbei.
Sieh, die Feigenbäume zeigen
Knoten an den Zweigen.

Meiner Jugend Leiter,
Freund, o rede weiter;
Denn ich höre gern.
Doch die Stimme schweiget
Und der Frühling zeiget
Spuren seines Herrn.
Wo Er war,
Seh ich ein paar
Junge Frühlingsrosen blühen,
Die wie Sterne glühen.

Aus dem Erdenschoße
Schallt von jeder Rose
Gottes Ruhm hinauf.
Kleine Sänger schlüpfen
In den Busch und hüpfen
Jubilierend auf. –
Wo die Pracht
Des Frühlings lacht,
Auf dem Schauplatz von Vergnügen
Sollen Tote liegen?

Grabgedanken, härter,
Schneidender als Schwerter
Fahrt ihr durch mein Herz.
Arme Frühlingsszenen,
Hemmt ihr meine Tränen,
Stillt ihr meinen Schmerz?
Nur das Wort
Ist schon ein Mord:
Unter jenem grünen Haine
Liegen Totenbeine.

Alles um mich lebet,
Jener Baum erhebet
Schön sein Blütenhaupt.
Aber seine Kräfte

Und sein Schmuck sind Säfte,
Die er Menschen raubt.
Blume hier,
Wer konnte dir
Die Tyrannenfreiheit schenken,
Menschenblut zu trinken?

Gott hats ihr gegeben,
Und die Bäum erheben
Auf sein Wort ihr Haupt.
Einst nach diesem Leben
Müssen sie uns geben,
Was sie uns geraubt.
Sterb auch ich,
Dann heben sich
Über meiner toten Hülle
Blumen auch in frischer Fülle.

Komm du junge Schöne,
Meine Todestöne
Wallen sanft dir zu.
Schau, im Frühlingswetter
Fallen Rosenblätter
Und so fällst auch du.
Brich sie ab,
Auf jenem Grab
Stehen sonnenrote Nelken,
Die wie du verwelken.

Seht nun auf ihr Blicke,
Dahin, wo mein Glücke
Aus den Wolken lacht.
Dort auf jenem Sterne
Wohn ich einst und lerne
Schöpfer, deine Macht.
Seele auf!

Zu Gott hinauf!
Dort wird es in jenen Kreisen
Ewig Frühling heißen.

Matthias Claudius

Mailied

O wie schön, wie schön ist der Mai!
Gras und Blumen wachsen,
Bäume haben Blätter,
Sanfte Winde wehen,
Stiere gehn und weiden,
Junge Lämmer blöken,
O wie schön, wie schön ist der Mai.

Seht hier diese Wiese!
Tausend grüne Spitzen,
Und an allen Spitzen
Hangen Tropfen Tau.
Wie die Schlüsselblumen
Hier beisammen stehen!
Wie die Blätter rauschen!
Und dort fern am Hügel
Singt die Nachtigall.

Rund umher ist Freude,
Freude dort am Hügel,
Und im Tale Freude,
Freude in Gebüschen
Freude auf den Bäumen,
Alles lebt und fühlet,
O wie schön, wie schön ist der Mai!

Wenn doch Daphne käme! –
Wehet sanft, ihr Winde,
Duftet süß, ihr Blumen!
Ich will jetzt die schönsten
Ganz behutsam pflücken,
Nicht den Blüten schaden,
Nicht den Tau verschütten,
Und beim Morgengruße
Ihr die Blumen geben
Und dann stehn und sehen,
Wie sie Kränze flechtet,
Wie sie unter ihnen
Den bescheidnen wählet,
Um die Stirn ihn windet
Und dann freundlich blicket
Unterm Blumenkranze.

Wenn doch Daphne käme! –
–– Und an allen Spitzen
Hangen Tropfen Tau,
Und die Stiere weiden,
Und die Blumen wachsen,
Und die Blätter rauschen,
Und die Lämmer blöken,
Und dort fern am Hügel
Singt die Nachtigall.

Friedrich Wilhelm Gotter

Der Frühling

Des Winters Hülle deckte
Nicht mehr die öde Flur.
Der Hauch des Lenzes weckte
Die schlafende Natur:
Es wurden schon die Schatten,
Es duftete der Pfad,
Den Flora mit dem Gatten
Jüngst, Hand in Hand, betrat.

Blauäugige Amoene,
Ertönete mein Lied,
Verändert ist die Szene,
Der rauhe Winter flieht;
Kein Nordwind drohet weiter
Der zarten Haut Gefahr,
Ein West, wie du so heiter,
Spielt um dein blondes Haar.

Des Frühlings erste Blume,
Komm, suche sie mit mir!
Zu Venus Heiligtume
Bring ich sie dann mit dir,
Daß sie das Denkmal kränze
Des Dichters, dessen Lied
Unsterblich, gleich dem Lenze,
Dem er es weihte, blüht.

Dann schleichen wir zur Laube
Bei meiner Flöte Schall;
Dort girrt die Turteltaube,
Dort ächzt die Nachtigall.
Dort wollen wir im Kühlen,

Des Neides Aug entrückt,
Die Macht des Gottes fühlen,
Der alles neu beglückt.

Sie teilte das Verlangen,
Das meine Brust empfand;
Es glüht auf ihren Wangen,
Es schlug in ihrer Hand.
Doch schnell benetzten Zähren
Den unruhvollen Blick;
Mit jungfräulichem Wehren
Zog sie die Hand zurück.

Du weigerst dich, Amoene!
Ists Mißtraun? Ist es Scherz?
O trockne diese Träne!
Du kennest Damons Herz!
Auch in verschwiegnen Lauben
Ists, wie die Quelle, rein
Und ohne Falsch, wie Tauben,
Und ganz, Amoene, dein!

Ludwig Christoph Heinrich Hölty

Mainacht

Wenn der silberne Mond durch die Gesträuche blickt,
Und sein schlummerndes Licht über den Rasen geußt,
Und die Nachtigall flötet,
Wandl ich traurig von Busch zu Busch.

Überschattet von Laub, girret ein Taubenpaar
Sein Entzücken mir vor; aber ich wende mich,

Suche dunkle Gesträuche,
Und die einsame Träne rinnt.

Wann, o lächelndes Bild, welches wie Morgenrot
Durch die Seele mir strahlt, find ich auf Erden dich?
Und die einsame Träne
Bebt mir heißer die Wang herab.

Johann Wolfgang von Goethe

Frühling übers Jahr

Das Beet, schon lockert
Sichs in die Höh,
Da wanken Glöckchen
So weiß wie Schnee;
Safran entfaltet
Gewaltge Glut,
Smaragden keimt es
Und keimt wie Blut.
Primeln stolzieren
So naseweis,
Schalkhafte Veilchen
Versteckt mit Fleiß;
Was auch noch alles
Da regt und webt,
Genug, der Frühling
Er wirkt und lebt.

Doch was im Garten
Am reichsten blüht,
Das ist des Liebchens
Lieblich Gemüt.

Da glühen Blicke
Mir immerfort,
Erregend Liedchen,
Erheiternd Wort.
Ein immer offen,
Ein Blütenherz,
Im Ernste freundlich
Und rein im Scherz.
Wenn Ros und Lilie
Der Sommer bringt,
Er doch vergebens
Mit Liebchen ringt.

Mailied

Wie herrlich leuchtet
Mir die Natur!
Wie glänzt die Sonne!
Wie lacht die Flur!

Es dringen Blüten
Aus jedem Zweig
Und tausend Stimmen
Aus dem Gesträuch,

Und Freud und Wonne
Aus jeder Brust.
O Erd, o Sonne!
O Glück, o Lust!

O Lieb, o Liebe!
So golden schön,
Wie Morgenwolken
Auf jenen Höhn!

Du segnest herrlich
Das frische Feld,
Im Blütendampfe
Die volle Welt.

O Mädchen, Mädchen,
Wie lieb ich dich!
Wie blickt dein Auge!
Wie liebst du mich!

So liebt die Lerche
Gesang und Luft,
Und Morgenblumen
Den Himmelsduft,

Wie ich dich liebe
Mit warmem Blut,
Die du mir Jugend
Und Freud und Mut

Zu neuen Liedern
Und Tänzen gibst.
Sei ewig glücklich,
Wie du mich liebst!

Frühzeitiger Frühling

Tage der Wonne,
Kommt ihr so bald?
Schenkt mir die Sonne,
Hügel und Wald?

Reichlicher fließen
Bächlein zumal.
Sind es die Wiesen?
Ist es das Tal?

Blauliche Frische!
Himmel und Höh!
Goldene Fische
Wimmeln im See.

Buntes Gefieder
Rauschet im Hain;
Himmlische Lieder
Schallen darein.

Unter des Grünen
Blühender Kraft
Naschen die Bienen
Summend am Saft.

Leise Bewegung
Bebt in der Luft,
Reizende Regung,
Schläfernder Duft.

Mächtiger rühret
Bald sich ein Hauch,
Doch er verlieret
Gleich sich im Strauch.

Aber zum Busen
Kehrt er zurück.
Helfet, ihr Musen,
Tragen das Glück!

Saget, seit gestern
Wie mir geschah?
Liebliche Schwestern,
Liebchen ist da!

Mai

Leichte Silberwolken schweben
Durch die erst erwärmten Lüfte,
Mild, von Schimmer sanft umgeben,
Blickt die Sonne durch die Düfte.
Leise wallt und drängt die Welle
Sich am reichen Ufer hin,
Und wie reingewaschen helle,
Schwankend hin und her und hin,
Spiegelt sich das junge Grün.

Still ist Luft und Lüftchen stille;
Was bewegt mir das Gezweige?
Schwüle Liebe dieser Fülle,
Von den Bäumen durchs Gesträuche.
Nun der Blick auf einmal helle,
Sieh! der Bübchen Flatterschar,
Das bewegt und regt so schnelle,
Wie der Morgen sie gebar,
Flügelhaft sich Paar und Paar.

Fangen an, das Dach zu flechten –
Wer bedürfte dieser Hütte? –
Und wie Zimmrer, die gerechten,
Bank und Tischchen in der Mitte!
Und so bin ich noch verwundert,
Sonne sinkt, ich fühl es kaum;
Und nun führen aber hundert
Mir das Liebchen in den Raum,
Tag und Abend, welch ein Traum!

Johann Heinrich Voß

Frühlingsliebe

Die Lerche sang, die Sonne schien,
Es färbte sich die Wiese grün,
Und braungeschwollne Keime
Verschönten Büsch und Bäume;
Da pflückt ich am bedornten See
Zum Strauß ihr, unter spätem Schnee,
Blau, rot und weißen Güldenklee.
Das Mägdlein nahm des Busens Zier
Und nickte freundlich Dank dafür.

Nur einzeln grünten noch im Hain
Die Buchen und die jungen Mai'n;
Und Kresse wankt in hellen
Umblümten Wiesenquellen;
Auf kühlem Moose, weich und prall,
Am Buchbaum horchten wir dem Schall
Des Quelles und der Nachtigall.
Sie pflückte Moos, wo wir geruht,
Und kränzte sich den Schäferhut.

Wir gingen atmend Arm in Arm
Am Frühlingsabend still und warm,
Im Schatten grüner Schlehen
Uns Veilchen zu erspähen;
Rot schien der Himmel und das Meer;
Mit einmal strahlte groß und hehr
Der liebe volle Mond daher.
Das Mägdlein stand und ging und stand
Und drückte sprachlos mir die Hand.

Rotwangig, leichtgekleidet saß
Sie neben mir auf Klee und Gras,

Wo ringsum helle Blüten
Der Apfelbäume glühten;
Ich schwieg; das Zittern meiner Hand
Und mein betränter Blick gestand
Dem Mägdlein, was mein Herz empfand.
Sie schwieg, und aller Wonn Erguß
Durchströmt uns beid im ersten Kuß.

Friedrich von Matthisson

Der Frühlingsabend

Beglänzt vom roten Schein des Himmels bebt
Am zarten Halm der Tau;
Der Frühlingslandschaft zitternd Bildnis schwebt
Hell in des Stromes Blau.

Schön ist der Felsenquell, der Blütenbaum,
Der Hain mit Gold bemalt;
Schön ist der Stern des Abends, der am Saum
Der Purpurwolke strahlt!

Schön ist der Wiese Grün, des Tals Gesträuch,
Des Hügels Blumenkleid;
Der Erlenbach, der schilfumkränzte Teich,
Mit Blüten überschneit!

O wie umschlingt und hält der Wesen Heer
Der ewgen Liebe Band!
Den Lichtwurm und der Sonne Feuermeer
Schuf Eine Vaterhand.

Du winkst, Allmächtiger, wenn hier dem Baum
Ein Blütenblatt entweht!
Du winkst, wenn dort, im ungemeßnen Raum,
Ein Sonnenball vergeht!

Johann Gaudenz von Salis-Seewis

Märzlied

Nun, da Schnee und Eis zerflossen
Und des Angers Rasen schwillt,
Hier an roten Lindenschossen
Knospen bersten, Blätter sprossen,
Weht der Auferstehung Odem
Durch das keimende Gefild.

Veilchen an den Wiesenbächen
Lösen ihrer Schale Band;
Primelngold bedeckt die Flächen;
Zarte Saatenspitzen stechen
Aus den Furchen; gelber Krokus
Schießt aus warmem Gartensand.

Alles fühlt erneutes Leben:
Die Phalänen, die am Stamm
Der gekerbten Eiche kleben,
Mücken, die im Reigen schweben,
Lerchen, hoch im Ätherglanze,
Tief im Tal das junge Lamm!

Seht! erweckte Bienen schwärmen
Um den frühen Mandelbaum;
Froh des Sonnenscheins, erwärmen

Sich die Greise; Kinder lärmen
Spielend mit den Ostereiern
Durch den weißbeblümten Raum.

Sprießt, ihr Keimchen aus den Zweigen,
Sprießt aus Moos, das Gräber deckt!
Hoher Hoffnung Bild und Zeugen,
Daß auch wir der Erd entsteigen,
Wenn des ewgen Frühlings Odem
Uns zur Auferstehung weckt!

Friedrich Wilhelm August Schmidt

Frühlings-Lied

Die liebe warme Sonne saugt
Das Lindenblatt heraus;
Vom Weste lieblich angehaucht
Kriecht jedes Veilchen aus.
Der Kalmus sproßt am Weidendamm,
Wie Wasserlilj im Teich!
Der Laubfrosch hüpft am Elsenstamm,
Die Kröt im grünen Steig.

Im Grünen schwärmt der Schmetterling
Vergnügt um Kalb und Kuh,
Und klappt, auf Kirschenblüten, flink
Die Flüglein auf und zu.
Der Sperling mit dem Liebchen tut
So traulich, so geheim,
Und pickt dabei sich wohlgemut
Der Erbse zarten Keim.

Der Himmel rings so frei und hell,
Im Strauch das Vögelein,
Die Blüt im Wald, die Blüt am Quell
O Mensch ist alles dein.
Hinaus, hinaus aus Stub und Stadt
Was hören kann, und sehn,
Und fühlend Herz im Busen hat;
Der Lenz ist ja so schön!

Friederike Brun

Ich denke dein

Ich denke dein, wenn sich im Blütenregen
Der Frühling malt,
Und wenn des Sommers mildgereifter Segen
In Ähren strahlt.

Ich denke dein, wenn sich das Weltmeer tönend
Gen Himmel hebt,
Und vor der Wogen Wut das Ufer stöhnend
Zurücke bebt.

Ich denke dein, wenn sich der Abend rötend
Im Hain verliert,
Und Philomelens Klage leise flötend
Die Seele rührt.

Beim trüben Lampenschein in bittren Leiden
Gedacht ich dein;
Die bange Seele flehte nah am Scheiden:
Gedenke mein!

Ich denke dein, bis wehende Zypressen
Mein Grab umziehn;
Und auch in Tempes Hain soll unvergessen
Dein Name blühn.

August Wilhelm Schlegel

Lob der Tränen

Laue Lüfte,
Blumendüfte,
Alle Lenz- und Jugendlust;
Frischer Lippen
Küsse nippen,
Sanft gewiegt an zarter Brust;
Dann der Trauben
Nektar rauben;
Reihentanz und Spiel und Scherz:
Was die Sinnen
Nur gewinnen:
Ach, erfüllt es je das Herz?

Wenn die feuchten
Augen leuchten
Von der Wehmut lindem Tau,
Dann entsiegelt,
Drin gespiegelt,
Sich dem Blick die Himmelsau.
Wie erquicklich
Augenblicklich
Löscht es jede wilde Glut!
Wie vom Regen

Blumen pflegen,
Hebet sich der matte Mut.

Nicht mit süßen
Wasserflüssen
Zwang Prometheus unsern Leim:
Nein, mit Tränen;
Drum im Sehnen
Und im Schmerz sind wir daheim.
Bitter schwellen
Diese Quellen
Für den erdumfangnen Sinn,
Doch sie drängen
Aus den Engen
In das Meer der Liebe hin.

Ewges Sehnen
Floß in Tränen
Und umgab die starre Welt,
Die in Armen
Sein Erbarmen
Immerdar umflutend hält.
Soll dein Wesen
Denn genesen,
Von dem Erdenstaube los,
Mußt im Weinen
Dich vereinen
Jener Wasser heilgem Schoß.

Sophie Mereau

Frühling

Düfte wallen – tausend frohe Stimmen
jauchzen in den Lüften um mich her;
die verjüngten trunknen Wesen schwimmen
aufgelöst in einem Wonnemeer.

Welche Klarheit, welches Licht entfließet
lebensvoll der glühenden Natur!
Festlich glänzt der Äther, und umschließet,
wie die Braut der Bräutigam, die Flur.

Leben rauscht von allen Blütenzweigen,
regt sich einsam unter Sumpf und Moor,
quillt, so hoch die öden Gipfel steigen,
emsig zwischen Fels und Sand hervor.

Welch ein zarter wunderbarer Schimmer
überstrahlt den jungen Blütenhain!
Und auf Bergen, um verfallne Trümmer,
buhlt und lächelt milder Sonnenschein.

Dort auf schlanken silberweißen Füßen
weht und wogt der Birken zartes Grün,
und die leichten hellen Zweige fließen
freudig durch den lauen Luftstrom hin.

In ein Meer von süßer Lust versenket,
wallt die Seele staunend auf und ab,
stürzt, von frohen Ahndungen getränket,
sich im Taumel des Gefühls hinab.

Liebe hat die Wesen neu gestaltet;
ihre Gottheit überstrahlt auch mich,

und ein neuer üppger Lenz entfaltet
ahnungsvoll in meiner Seele sich.

Laß an deine Mutterbrust mich sinken,
heilge Erde, meine Schöpferin!
Deines Lebens Fülle laß mich trinken,
jauchzen, daß ich dein Erzeugter bin!

Was sich regt auf diesem großen Balle,
diese Bäume, dieser Schmuck der Flur:
Einer Mutter Kinder sind wir alle,
Kinder einer ewigen Natur.

Sind wir nicht aus Einem Stoff gewoben?
Hat der Geist, der mächtig sie durchdrang,
nicht auch mir das Herz empor gehoben?
tönt er nicht in meiner Leier Klang?

Was mich so an ihre Freuden bindet,
daß mit wundervoller Harmonie,
meine Brust ihr Leben mitempfindet,
ist, ich fühl es, heilge Sympathie!

Schwelge, schwelge, eh ein kalt Besinnen
diesen schönen Einklang unterbricht,
ganz in Lust und Liebe zu zerrinnen,
trunknes Herz, und widerstrebe nicht.

Friedrich Hölderlin

An den Frühling

Wangen sah ich verblühn, und die Kraft der Arme veralten

Du mein Herz! noch alterst du nicht; wie Luna den Liebling
Weckte des Himmels Kind, die Freude vom Schlafe dich wieder;
Denn Sie erwacht mit mir zu neuer, glühender Jugend
Meine Schwester, die süße Natur, und meine geliebten
Tale lächeln mich an, und meine geliebteren Haine,
Voll erfreulichen Vogelgesangs, und scherzender Lüfte
Jauchzen in wilder Lust der freundlichen Gruß mir entgegen.
Der du Herzen verjüngst, und Fluren, heiliger Frühling
Heil dir! Erstgeborner der Zeit! erquickender Frühling
Erstgeborner im Schoße der Zeit! Gewaltiger! Heil dir
Heil! die Fessel zerriß, und tönt dir Feiergesänge,
Daß die Gestad erbeben, der Strom; wir Jünglinge taumeln
Jauchzen hinaus wo der Strom dich preist, wir enthüllen du Holder
Deinem Liebeshauche die glühende Brust, und stürzen hinunter
In den Strom, und jauchzen mit ihm, und nennen dich Bruder.

Bruder! wie tanzt so schön, mit tausendfältiger Freude
Ach! und tausendfältiger Lieb im lächelnden Äther
Deine Erde dahin, seit aus Elysiums Talen
Du mit dem Zauberstab ihr nahtest, himmlischer Jüngling!
Sahn wir nicht, wie sie freundlicher nun den stolzen Geliebten
Grüßt; den heiligen Tag, wenn er kühn vom Siege der Schatten
Über die Berge flammt! wie sie sanfterrötend im Schleier
Silberner Düfte verhüllt, in süßen Erwartungen aufblickt,
Bis sie glühet von ihm, und ihre friedlichen Kinder
Alle, Blumen und Hain, und Saaten und sprossende Reben,

Schlummre, schlummre nun, mit deinen friedlichen Kindern
Mutter Erde! denn Helios hat die glühenden Rosse

Längst zur Ruhe gelenkt, und die freundlichen Helden
des Himmels
Perseus dort, und Herkules dort, sie wallen in stiller
Liebe vorbei, und leise durchstreift der flüsternde Nachthauch
Deine fröhliche Saat, und fernher tönende Bäche
Lispeln Schlummergesänge darein.

Der Frühling

Wenn auf Gefilden neues Entzücken keimt
Und sich die Ansicht wieder verschönt und sich
An Bergen, wo die Bäume grünen,
Hellere Lüfte, Gewölke zeigen,

O! welche Freude haben die Menschen! froh
Gehn an Gestaden Einsame, Ruh und Lust
Und Wonne der Gesundheit blühet,
Freundliches Lachen ist auch nicht ferne.

Novalis

Es färbte sich die Wiese grün

Es färbte sich die Wiese grün
Und um die Hecken sah ichs blühn;
Tagtäglich sah ich neue Kräuter,
Mild war die Luft, der Himmel heiter:
Ich wußte nicht, wie mir geschah,
Und wie das wurde, was ich sah.

Und immer dunkler ward der Wald,
Auch bunter Sänger Aufenthalt,
Es drang mir bald auf allen Wegen
Ihr Klang in süßem Duft entgegen.
Ich wußte nicht, wie mir geschah,
Und wie das wurde, was ich sah.

Es quoll und trieb nun überall,
Mit Leben, Farben, Duft und Schall;
Sie schienen gern sich zu vereinen,
Daß alles möchte lieblich scheinen.
Ich wußte nicht, wie mir geschah
Und wie das wurde, was ich sah.

So dacht ich: ist ein Geist erwacht,
Der alles so lebendig macht,
Und der mit tausend schönen Waren
Und Blüten sich will offenbaren?
Ich wußte nicht, wie mir geschah,
Und wie das wurde, was ich sah.

Vielleicht beginnt ein neues Reich,
Der lockre Staub wird zum Gesträuch,
Der Baum nimmt tierische Gebärden,
Das Tier soll gar zum Menschen werden.
Ich wußte nicht, wie mir geschah,
Und wie das wurde, was ich sah.

Wie ich so stand und bei mir sann,
Ein mächtger Trieb in mir begann.
Ein freundlich Mädchen kam gegangen
Und nahm mir jeden Sinn gefangen.
Ich wußte nicht, wie mir geschah,
Und wie das wurde, was ich sah.

Uns barg der Wald vor Sonnenschein.
Das ist der Frühling! fiel mir ein;

Und kurz, ich sah, daß jetzt auf Erden
Die Menschen sollten Götter werden.
Nun wußt ich wohl, wie mir geschah,
Und wie das wurde, was ich sah.

Ludwig Tieck

Der Wald

Wir rühren mit Zweigen
In den Himmel hinein,
Und spüren so eigen
Den glänzenden Schein:
Mit Fingern, mit Zweigen, mit Ästen.
Durchrauscht von spielenden Westen,
Durchsungen von Vögelein.
Freun wir uns frisch bis in die Wurzeln hinein.
Wir rauschen, wir flüstern, wir wogen.
Geschirmt vom blauen Himmelsbogen.
Von freundlichen Lüften durchzogen.
Frühlingsglanz!
Frühlingsglanz!
Sei gegrüßt, sei gegrüßt von Abend zu Morgen.
Von Morgen zu Abend:
Komm, Mensch, sei frei von Sorgen
In unserm Schatten, der brüderlich labend.

Philipp Otto Runge

Der trübe Nebel ist zerflossen

Der trübe Nebel ist zerflossen,
Der Sonne Schein ist ausgegossen
Über das grüne Land.
Die kleinen Blumen sind entsprossen,
Die muntern Vögel, ihre Genossen,
Grüßen mich so bekannt
Und rufen mich jauchzend hin zum Wald.
O ja, ich komme bald!
Wer möchte wohl nicht in der Gesellschaft sein
Unter Blumen, im Walde, bei den kleinen Vögelein?

Mich dünkt, ich bin schon hier gewesen,
Wo ich die kleinen Blumen seh;
Sie stehn doch hier wie auserlesen
Und mir wird innerlich nach ihnen weh.
Ich kann nicht wieder von hier gehn,
Ists doch so lebendig und so lustig hier!
Die Vöglein singen in dem Wald:
Könnte das doch ein Mensch verstehn,
Und wäre der bei mir!
Wies so gewaltig wiederhallt!
Wenn ich steh,
Und nieder seh,
Alles ist lebendig und so mannigfalt.
Im Herzen brennt es mir so sehr,
Ich gäbe mein Herzblut, daß ich nicht so alleine wär,
Und verstände das fröhliche Leben um mich her!
Alle Würmchen begrüßen sich
Und gehn fleißig umher;
Die Schmetterling erlustigen sich
Und freun sich so sehr.

Und ich alleine
Stehe, gehe, sehe, und verstehe nichts von allen.
Wie die Stimmen schallen,
Wie die Blumen blühen,
Schmetterlinge ziehen,
Wie die Würmlein spielen
Und in Blumen wühlen,
In die Blüten sinken,
Die so lieblich winken: –
Nichts versteh ich um mich her,
Das betrübt mich sehr,
Und doch, wie ich hier stehe, so ganz allein,
Möcht ich immerfort in dieser Gesellschaft sein.

Luise Brachmann

Der Frühlingsabend

Laß mich an deiner Brust erwarmen,
O Mutter, freundliche Natur!
Umfange mich mit sanften Armen,
In deiner holden Frühlingsflur!

Du strahlst im bräutlichen Gewande
Aufs neue dem erfreuten Blick;
Der schöne Mai, er kehrt vom Lande
Der ewgen Blüten mild zurück.

Er bringt uns Licht und Blumen wieder,
Und ruft das zarte Grün hervor;
Ihm folgt auf freudigem Gefieder
Der kleinen Sänger muntrer Chor.

Seid mir gegrüßt, ihr holden Töne!
Willkommen mir, du goldnes Grün!
Ihr Blumen, die in heitrer Schöne,
In tausend Farben um mich glühn!

Mit holdem Zauberband umweben
All diese Reize meinen Sinn;
Wer kann den Mächtgen widerstreben?
Ich gebe froh besiegt mich hin!

Hier darf von diesen goldnen Streifen,
Die durch den freien Grund sich ziehn,
Mein Blick zum Wald hinüberschweifen,
Und zu des Hügels munterm Grün.

Die Frühlingslandschaft malt im blauen
Gewässer sich, mit mildem Licht,
Dort, wo den Schmelz von Rosenauen,
Ein Kranz von Birken sanft durchbricht.

Im festlich glänzenden Geschmeide
Umlächelt rings die Gegend mich;
Doch mischt auch hier ins Bild der Freude
Der Schatten leiser Wehmut sich.

Auf jenen hohen Burgruinen
Ruht einsam der verlorne Blick!
Sie spiegeln, wie mit Geistermienen,
Sich aus dem stillen See zurück.

Romantisch glänzt im Abendstrahle
Ein Baum am halbversunknen Tor,
Im Burghof und im wüsten Saale
Sproßt hohes Farrenkraut empor!

Ist hier die Stätte, wo vor Zeiten
Der Tatenruhm der Väter stieg?

Die Halle, wo sich Helden freuten,
Wenn das Getös der Schlachten schwieg?

Der Zwinger, wo mit weichen Tönen
Oft süßer Harfenlaut erklang,
Wo ihrer Liebe stilles Sehnen
Ein zartes Fräulein schmelzend sang?

Wo dann, wenn in der Freunde Runde
Vom Kampf zurück ihr Ritter kam,
Sie freudig vom geliebten Munde
Der ewgen Treue Schwur vernahm?

Zerstört ist nun der Sitz der Helden!
Sie sind dahin in ihrer Macht!
Sie wohnen fern, in bessern Welten,
Im Lande, das der Tod bewacht.

Doch fliehe von dem ernsten Bilde,
Du sehnsuchtsvolle Phantasie! –
So schön auf blühende Gefilde
Sank noch die Ruh des Abends nie!

Sanft rauscht des Waldes Schattenhalle,
In stiller Feier liegt das Tal,
Wie lieblich schlägt am Wasserfalle
Die schwärmerische Nachtigall!

Am heitern Abendhimmel blühen
Aus Äther lichte Rosen auf;
Die Säume blauer Wölkchen glühen
Und Flammen leuchten mild herauf.

Des Haines holde Sänger wiegen
Schon ihre Kleinen sanft in Ruh;
Durch goldbesäumte Wolken fliegen
Die Fernen ihrer Heimat zu. –

Durch jenen Busch am Felsensteige
Bricht nun der letzte Sonnenstrahl,
Und scheidend grüßt er durch die Zweige
Das blüten-überschneite Tal.

In feierlicher Dämmrung wallen
Des Stromes Wogen still dahin;
Durch jene hohen Fichtenhallen
Blickt sanft des Abendrotes Glühn.

Der Vögel frohe Lieder schweigen,
Es ruht der holde Sängerchor,
Und einsam nur, aus dunkeln Zweigen,
Schwebt noch ein leiser Laut hervor.

Allmählich zieht ein dichter Schleier
Sich auf der weiten Landschaft hin,
Verhüllt das trauernde Gemäuer,
Und birgt in Nacht der Fluren Grün. –

In wechselnder Gestalt entfaltet
So auch das Leben sich dem Blick;
Doch über Freud und Trauer waltet
Ein gleiches liebendes Geschick.

So manches Aug, von Zähren trübe,
Sieht rings um sich der Freunde Reihn,
Da hüllt die Hand der ewgen Liebe,
Es mild in sanften Schlummer ein.

Es wartet eine stille Stunde,
Die alle liebend uns vereint,
Wo sanft verheilt die tiefste Wunde
Und kein Verlassner einsam weint.

So zieht auch hier ein stiller Schleier
Sich um des Tales Ernst und Pracht.
Es stirbt der Farben blendend Feuer,
Und Freud und Trauer sinkt in Nacht.

Clemens Brentano

Am Sophientag

Süßer Mai, du Quell des Lebens,
Bist so süßer Blumen voll,
Liebe sucht auch nicht vergebens,
Wem sie Kränze winden soll.

Süßer Mai, mit Blumenglocken
Läutest du das Fest mir ein.
Ich bekränze ihre Locken,
Will ein frommer Gast auch sein.

Süßer Mai, zum Liebesmahle
Trägst du Blumenkelche ein.
Blütensäulen stehn im Saale,
Drüber wölbt sich Sonnenschein.

Süßer Mai, in deinen Kelchen
Küssen fromme Bienen sich,
Aber unter allen, welchen
Hast du eingefüllt für mich!

Süßer Mai! du bringest nieder
Blume, Blüte, Sonnenschein,
Daß ich wisse, wem die Lieder,
Wem das Herz, das Leben weihn.

Friedrich Gottlob Wetzel

Die Buche

Frühlingslüfte! lindes Wehen!
Über Wolken Lerchenschall!
Und das große Auferstehen
Kündet sich allüberall!
Blau verklärt die Bergesgipfel,
Wo der letzte Schnee zerrann,
Und im sonnetrunknen Wipfel
Grünen schon die Buchen an.

Schönres wüßt ich nicht zu suchen
Nach der Liebsten Angesicht
Als das junge Grün der Buchen
Hell im goldnen Morgenlicht.
Grüne Schleier, wie gewoben
Duftig von Sylphidenhand,
Webt wie Mädchensommer oben
Nieder aus dem Geisterland.

Halb erst irdisch ist das Leben,
Halb im Himmel noch zurück,
Zwischen Geist und Leib ein Schweben,
Einzig schöner Augenblick!
Und das Herz läßt gern sich fangen
In den Netzen goldengrün,
Die vom Himmel niederhangen
Und sich in die Wolken ziehn.

Droben in den blauen Seen
Badet sichs gesund und frisch,
Ruht im Wolkenbett bei Feen,
Sitzt an selger Götter Tisch. –
Aber bald drängt irdsche Fülle

Sich hervor aus Ast und Zweig,
Und die körperliche Hülle
Deckt das zarte Geisterreich.

Und das Laub wird dicht und dichter,
Und das Grün wird düsterer,
Und die schönen Himmelslichter
Läßts hindurch stets spärlicher.
Wie ein Liebestraum zerronnen
Der durchsichtige Smaragd,
Und versteckt vorm Aug der Sonnen
Buhlt der Spaß in grüner Nacht.

Und das Grün spielt schon ins Falbe,
Einzle Blätter fallen schon,
Und die Lerche schweigt, die Schwalbe
Rüstet sich zum Wegzug schon;
Statt der lustgen Blüte nieder
Erdwärts hängt die Frucht ihr Haupt,
Kommt der kahle Winter wieder,
Und die Buche ist entlaubt.

Achim von Arnim

Jung und alt im Frühling

I

Aus der Berge dunklen Klüften
Braust nicht mehr die kalte Flut,
Fenster öffne ich den Lüften
Und das Tor dem Jugendmut:
Springend gehts zum Tale nieder,
Leicht beflügelt ist das Herz,

Frühling breitet das Gefieder,
Luft erklingt wie edles Erz.

Neue Vögel sind erschienen,
Fort ins Freie, in die Luft,
Neues Schauspiel, grüne Bühnen,
Nachtigall so sehnlich ruft:
Seht das Schauspielhaus geschmücket
Mit dem Dach aus Himmelblau,
Wolken-Schäflein sehn entzücket
Nach dem hocherhabnen Bau.

Alle schweben in Verlangen
Nach des Tages Neuigkeit:
Ist der Vorhang aufgegangen?
Welches Schauspiel gibt man heut?
Soll ein Heldenspiel beginnen,
Rüstet sich die frische Kraft?
Soll die Lieb in Lieb zerrinnen,
Daß sich neues Volk erschafft?

Alles drängt sich noch zusammen,
Herz an Herz und Baum an Baum.
All aus einer Erde stammen,
Flammend einer Liebe Traum:
Himmlisch Spiel, die frischen Kränze
Decken all mit gleichem Grün,
Jenen, daß er siegend glänze,
Diese, daß sie drunter blühn.

2

Eine bange Reiselust
Weht in Frühlingstagen,
Füllt mit Wehmut unsre Brust
Will zum Himmel tragen,
Wo die ganze Seligkeit
Schimmert in dem Lichte,

Und ein Bild der Ewigkeit
Wird des Jahrs Geschichte.

Erste Jugend stellt sich dar
Mit verwirrtem Leiden
In den Blättern, die so klar
Alles erst umkleiden,
Wie wir aus erschloßner Haft
In die Welt gedrungen
Wie in neuer Schöpfungskraft
Vieles uns gelungen.

Öffnet dann die Blütenzeit
des Triumphes Pforte,
Wird ihr Fall in Lust geweiht
Durch die schönsten Worte:
Jedes Wort es dringt hinauf,
Eh wir es noch meinen,
Aufwärts zu dem Sonnelauf
Daß wir strahlend scheinen.

Ja dies ist die Himmelfahrt,
Die wir heute feiern,
Bis die Wolken golden zart
Uns die Welt verschleiern:
Ach, dann fraget wohl die Welt,
Wo wir sind geblieben,
Vieles dann von uns gefällt,
Manches lernt sie lieben.

Der Kirschbaum blüht

Der Kirschbaum blüht, ich sitze da im Stillen,
Die Blüte sinkt und mag die Lippen füllen,
Auch sinkt der Mond schon in der Erde Schoß

Und schien so munter, schien so rot und groß;
Die Sterne blinken zweifelhaft im Blauen
Und leidens nicht, sie weiter anzuschauen.

Adelbert von Chamisso

Frühling

Der Frühling ist kommen, die Erde erwacht,
Es blühen der Blumen genung.
Ich habe schon wieder auf Lieder gedacht,
Ich fühle so frisch mich, so jung.

Die Sonne bescheinet die blumige Au,
Der Wind beweget das Laub.
Wie sind mir geworden die Locken so grau?
Das ist doch ein garstiger Staub.

Es bauen die Nester und singen sich ein
Die zierlichen Vögel so gut.
Und ist es kein Staub nicht, was soll es denn sein?
Mir ist wie den Vögeln zumut.

Der Frühling ist kommen, die Erde erwacht,
Es blühen der Blumen genung.
Ich habe schon wieder auf Lieder gedacht,
Ich fühle so frisch mich, so jung.

Max von Schenkendorf

Am ersten Mai 1816

Hast du den Mai gesehen
In seinem hellen Strahl?
Da steht er auf den Höhen
Und schaut ins grüne Tal.

Er zog in leichten Träumen
Um deine Lagerstatt,
Nun streut er von den Bäumen
Dir Blüten auf den Pfad.

Nun schleicht er durch den Garten
Zu deiner Kammertür,
Noch eh wir ihn erwarten
Schaut er durchs Fenster hier.

Und ruft mit linden Worten,
Mit holdem Wink und Gruß,
Komm aus den dunkeln Pforten,
O komm herab zum Fluß,

Und sieh die Lerche steigen
Den hohen, fernen Schall;
Hör aus den dichten Zweigen
Den Schmerz der Nachtigall.

Das sind die alten Klänge,
Das ist das liebe Leid,
Die zärtlichen Gesänge,
Die jedes Jahr erneut.

Geheime Wünsche brechen
Den Blüten gleich hervor
Und hundert Stimmen sprechen,
Komm Liebchen, komm ans Tor!

Leopold Schefer

Erstes Gewitter

In die Blüten,
In die Blätter
Rauscht das erste
Frühlingswetter.
Ruft die erste
Nachtigall,
Aller Blumen
Kelche füllend,
Himmlisch, himmlisch
Zu den Wolken
Aus dem Tal.

Und ich weine
Aus der Fülle
Alter Freuden
In der Stille;
Mir vergebens
Quillst du, Tal.
Säuseln Blüten,
Junge Blätter,
Rufst du himmlisch
Zu den Wolken,
Nachtigall!

Was ich selig
Einst besessen,
Kann die Seele
Nicht vergessen,
Bringst du wieder
Mir nicht, Tal!
Rosenblitzen,
Blütenleuchten
Stürzt verwandelt
Mir in Busen
Bange Qual.

Nehmt mich mit euch,
Wolkenhallen
Zu den alten
Jahren allen!
Wo ihr nachzieht,
Wolken all!
Ach, ihr laßt mich
Bei den neuen
Blütenbüschen
Hier im Rauschen
Tief im Tal.

Doch nicht vorwärts
Ist das Alte,
Nicht ist rückwärts
Das Verwallte,
Nirgend, nirgend
Überall!

Otto Heinrich von Loeben

Blühen

Entfalten sich im Abendstrom die Blüten,
Da läuft zuerst ein Schaudern durch die Schäfte,
Zusammendrängend sprudeln alle Säfte,
Es will sich keiner vor dem andern hüten.

Bis sie zur Einigung sich sanft geschieden,
Ziehn durcheinander die geweckten Kräfte,
Ein jedes ringt, wie es den Feind entkräfte,
Eh sie versöhnt *ein* sehnsuchtsvolles Brüten.

Wenn sich vor ihnen Abendröt entschleiert,
Da fühlen alle nur das eine Streben:
Daß in die Süße dort ihr Leben flüchte.

Es rauscht die Knospe voll in sich, und feiert,
Das Chaos schweigt, wie Eros Flügel beben,
Der Blumengeist verströmt im Abendlichte.

Justinus Andreas Christian Kerner

Frühlingskur

Du junges Grün, du frisches Gras!
Wie manches Herz durch dich genas,
Das von des Winters Schnee erkrankt,
O wie mein Herz nach dir verlangt!

Schon brichst du aus der Erde Nacht,
Wie dir mein Aug entgegenlacht!
Hier in des Waldes stillem Grund
Drück ich dich, Grün, an Herz und Mund.

Wie treibts mich von den Menschen fort!
Mein Leid das hebt kein Menschenwort;
Nur junges Grün, ans Herz gelegt,
Macht, daß mein Herze stiller schlägt.

Karl Mayer

Frühlingseile

Von viel tausend Blumen golden
Und besprengt mit weißen Dolden
Fällt die Wiese zu Gesicht.
Rote, blaue Blumen mischet
Euch noch bei, nur ganz verwischet
Mir den grünen Lenz noch nicht!

Ludwig Uhland

Frühlingsahnung

O sanfter, süßer Hauch!
Schon weckest du wieder
Mir Frühlingslieder,
Bald blühen die Veilchen auch.

Frühlingsglaube

Die linden Lüfte sind erwacht,
Sie säuseln und weben Tag und Nacht,
Sie schaffen an allen Enden.
O frischer Duft, o neuer Klang!
Nun, armes Herze, sei nicht bang!
Nun muß sich alles, alles wenden.

Die Welt wird schöner mit jedem Tag,
Man weiß nicht, was noch werden mag,
Das Blühen will nicht enden.
Es blüht das fernste, tiefste Tal:
Nun, armes Herz, vergiß der Qual!
Nun muß sich alles, alles wenden.

Frühlingsruhe

O legt mich nicht ins dunkle Grab,
Nicht unter die grüne Erd hinab!
Soll ich begraben sein,
Lieg ich ins tiefe Gras hinein.

In Gras und Blumen lieg ich gern,
Wenn eine Flöte tönt von fern,
Und wenn hoch obenhin
Die hellen Frühlingswolken ziehn.

Mailied

Wenig hab ich noch empfunden
Von der werten Frühlingszeit;
All die Lust und Lieblichkeit

Hat zu mir nicht Bahn gefunden.
Ach, was soll ein Herz dabei,
Das sich so zerrissen fühlet?
Jetzt empfind ich erst den Mai,
Seit der Sturm in Blüten wühlet.

Lied im Frühling

Vom Frühling wollt ich singen,
Von seinem Glanz und Feuer,
Von seiner reichen Blüte,
Von seinem Zauber all.

Da ging im Sonnenschimmer
Mein jugendliches Liebchen
Die Blumenau entlang.

Vom Liebchen wollt ich singen,
Von seinem Glanz und Feuer,
Von seiner reichen Blüte,
Von seinem Zauber all.

Ich sang, doch wußt ich nimmer,
Ob ich vom holden Liebchen,
Ob ich vom Frühling sang.

Joseph von Eichendorff

Frühlingsfahrt

Es zogen zwei rüstge Gesellen
Zum erstenmal von Haus
So jubelnd recht in die hellen
Klingenden, singenden Wellen
Des vollen Frühlings hinaus.

Die strebten nach hohen Dingen,
Die wollten trotz Lust und Schmerz,
Was Rechts in der Welt vollbringen,
Und wem sie vorübergingen
Dem lachten Sinnen und Herz. –

Der Erste, der fand ein Liebchen,
Die Schwieger kauft Hof und Haus;
Der wiegte gar bald ein Bübchen,
Und sah aus heimlichen Stübchen
Behaglich ins Feld hinaus.

Dem zweiten sangen und logen
Die tausend Stimmen in Grund,
Verlockend Sirenen, und zogen
Ihn in der buhlenden Wogen
Farbig klingenden Schlund.

Und wie er auftaucht vom Schlunde
Da war er müde und alt,
Sein Schifflein das lag im Grunde,
So still wars rings in die Runde
Und über die Wasser wehts kalt.

Es singen und klingen die Wellen
Des Frühlings wohl über mir
Und seh ich so kecke Gesellen;
Die Tränen im Auge mir schwellen –
Ach Gott, führ uns liebreich zu Dir!

Frische Fahrt

Laue Luft kommt blau geflossen,
Frühling, Frühling soll es sein!
Waldwärts Hörnerklang geschossen,
Mutger Augen lichter Schein;
Und das Wirren bunt und bunter
Wird ein magisch wilder Fluß,
In die schöne Welt hinunter
Lockt dich dieses Stromes Gruß.

Und ich mag mich nicht bewahren!
Weit von euch treibt mich der Wind,
Auf dem Strome will ich fahren,
Von dem Glanze selig blind!
Tausend Stimmen lockend schlagen,
Hoch Aurora flammend weht,
Fahre zu! Ich mag nicht fragen,
Wo die Fahrt zu Ende geht!

Frühlingsnacht

Übern Garten durch die Lüfte
Hört ich Wandervögel ziehn,
Das bedeutet Frühlingsdüfte,
Unten fängts schon an zu blühn.

Jauchzen möcht ich, möchte weinen,
Ist mirs doch, als könnts nicht sein!
Alte Wunder wieder scheinen
Mit dem Mondesglanz herein.

Und der Mond, die Sterne sagens,
Und in Träumen rauschts der Hain,
Und die Nachtigallen schlagens:
Sie ist Deine, sie ist dein!

Friedrich Rückert

In Lüften hängt ein Lerchenton

In Lüften hängt ein Lerchenton,
Mein Ohr hat staunend ihn vernommen.
Ists eine, die noch nicht entflohn?
Ists eine, die zurückgekommen,
Gelockt von Frühling schon,
Da rings die Schöpfung noch von Winter ist beklommen?

Durch meine Seele zieht ein Schwung,
Den jener Ton hat angeschlagen.
Ists Ahnung, ists Erinnerung,
Von künftigen, von vorgen Tagen?
Ich fühle nur mich jung,
Ob wie ichs war, ob wie ich sein werd? ist zu fragen.

Verklungen ist die Melodie,
Verschlungen von Schneewolkenherden;
Und Winter ists im Herzen, wie
Am Himmel Winter und auf Erden,
So Winter, als ob nie
Gewesen Frühling sei und nimmer sollte werden.

Eine Lerch in der Luft

Eine Lerch in der Luft
Singt verborgen im Duft:
Ist der Frühling gekommen?
Herz, warum so beklommen?

Eine Lerch in der Luft!
Im Gebirg in der Kluft
Liegt der Schnee noch in Massen,
Will nicht schmelzen sich lassen.

Eine Lerch in der Luft!
Vom Gebirg aus der Schluft
Stürmt des Nordwindes Wüten;
O wie soll ich da brüten?

Eine Lerch in der Luft!
All die Erd eine Gruft;
Glücklich, wer sich mit Singen
Kann den Grüften entschwingen.

Eine Lerch in der Luft,
Ist verschwommen im Duft,
Ist zum Himmel gestiegen;
Wer ihr nach könnte fliegen!

Grün ist der Jasminstrauch

Grün ist der Jasminenstrauch
Abends eingeschlafen.
Als ihn mit des Morgens Hauch
Sonnenlichter trafen,
Ist er schneeweiß aufgewacht:

»Wie geschah mir in der Nacht?«
Seht, so geht es Bäumen,
Die im Frühling träumen!

Himmelschlüsselchen ist genannt ein goldnes

Himmelschlüsselchen ist genannt ein goldnes
Feingebildetes Blümchen auf der Wiese,
Weil den Himmel auf Erden sieht die Unschuld
Aufgeschlossen im Frühling unter Blumen.
Himmelschlüsselchen nenn ich, sprach ein Jüngling,
Dich mit eigenem Rechte, weil ein Himmel
Mir auf Erden, ein Herz, sich aufgeschlossen,
Ein geliebtes, im Frühling, als zum ersten
Kranz ich schüchtern dich wand mit andern Blumen.
Himmelschlüsselchen! den mir aufgeschlossnen
Himmel schließe mir jeden Frühling neu auf,
Still verschließ ihn vor jedem Blick des Neides!
Jedem anderen aber sei ein andrer
Himmel offen, den ich nicht ihm beneide.

Theodor Körner

An den Frühling

Frühling! ich grüße dich.
Frühling, umschließe mich
Mit deinem jungen aufkeimenden Leben,
Mit deinem Hoffen und deinem Streben –
Wie das Leben sich rege in deinen Keimen,
Und freudig, wie deine Blumen blühn,

So ist es auch Frühling in meinen Träumen,
So wird auch mein Herz wieder jung und grün.

Aber der Blüten stille Keime
Und der Blätter lebendiges Grün,
Es sind vergängliche schöne Träume,
Die beim Erwachen schnell entfliehn.
Kommt nicht der traurige Winter wieder? –
Ach dann schweigen der Nachtigall Lieder,
Und in das weitoffne kalte Grab
Sinkt seufzend das blühende Leben hinab. –

Aber was kümmern mich künftige Schmerzen,
Und daß sie vergänglich ist diese Lust?
Bleibt es doch Frühling in meinem Herzen.
Bleibt es doch Frühling in meiner Brust.

Wilhelm Müller

Die Biene

Biene, dich könnt ich beneiden,
Könnte Neid im Frühling wachsen,
Wenn ich dich versunken sehe,
Immer leiser leiser summend,
In dem rosenroten Kelche
Einer jungen Apfelblüte.
Als die Knospe wollte springen
Und verschämt es noch nicht wagte,
In die helle Welt zu schauen,
Jetzo kamst du hergeflogen
Und ersahest dir die Knospe;
Und noch eh ein Strahl der Sonne

Und ein Flatterhauch des Zephyrs
Ihren Kelch berühren konnte,
Hingest du daran und sogest.
Sauge, sauge! – Schwer und müde
Fliegst du heim nach deiner Zelle:
Hast dein Tagewerk vollendet,
Hast gesorgt auch für den Winter!

Kinderfrühling

Wollt euch nicht so schnell belauben,
Wälder, und mir wieder rauben
Diesen lieben Sonnenschein,
Den so lang ich mußte missen,
Bis die Schleier er zerrissen,
Die den Himmel hüllten ein.

Zwischen knospenvollen Zweigen
Seh ich auf und nieder steigen
Kleiner Vöglein buntes Heer,
Seh sie schnäbeln, seh sie picken,
Und die schwanken Reiser nicken,
Denen ihre Last zu schwer.

Und der klare blaue Himmel
Breitet hinter dem Gewimmel
Sich in stillem Frieden aus.
Wie durch kleine Fenstergitter
Spielt die Sonne mit Gezitter
Durch der Zweige Flechtenhaus.

Halbbegrünet stehn die Hecken,
Und die Nachbarskinder necken
Durch die dürren Lücken sich,
Bis das Mädchen röter glühet

Und zu dichtern Stellen fliehet
Vor dem Knaben jüngferlich.

Frühling, heute noch ein Knabe,
Treibet auf des Winters Grabe
Mit den Kindern seinen Scherz,
Bis der Gott der süßen Triebe,
Mit dem Flammenpfeil der Liebe
Ihm durchbohrt das kleine Herz.

August von Platen

O süsser Lenz, beflügle deine Schritte

O süßer Lenz, beflügle deine Schritte,
Komm früher diesmal, als du pflegst zu kommen!
Du bist ein Arzt, wenn unsre Brust beklommen,
Ein milder Arzt von immer sanfter Sitte!

O könnt ich schon in deiner Blumen Mitte,
Wann kaum der Tag am Horizont entglommen,
Bis er ins Abendrot zuletzt verschwommen,
Von Tränen leben, ohne Wunsch und Bitte!

Wann deine helle Sonne flammt im Blauen,
Würd ich, ins Gras gestreckt, nach oben blicken,
Und würde glauben meinen Freund zu schauen!

Geblendet würde dann mein Auge nicken,
Ich würde schlummern, bis die Sterne tauen,
Und mich im Schlaf an seinem Bild erquicken!

Der goldne Frühling kommt, er baut die Flur der Liebe

Der goldne Frühling kommt, er baut die Flur der Liebe,
Und du, wie schön du bist, und keine Spur der Liebe!
Kein Kummer nagte noch an deiner jungen Seele,
Nie fühlte Schmerz, wer nie den Schmerz erfuhr der Liebe!
Die Liebe ruft! Es weht des Lenzes weicher Atem
So süß um jeden Kuß, um jeden Schwur der Liebe!
Entziffern kann ich nicht die Sprache deines Auges;
Es bleibt geheimnisvoll wie die Natur der Liebe!
Was frommts, und fänd ich auch Bewunderer in Menge,
Mein Herz gehört ja nur, gehört ja nur der Liebe!

Annette von Droste-Hülshoff

Der Säntis

Frühling

Die Rebe blüht, ihr linder Hauch
Durchzieht das tauige Revier,
Und nah und ferne wiegt die Luft
Vielfarbger Blumen bunte Zier.

Wies um mich gaukelt, wie es summt
Von Vogel, Bien und Schmetterling,
Wie seine seidnen Wimpel regt
Der Zweig, so jüngst voll Reifen hing.

Noch sucht man gern den Sonnenschein
Und nimmt die trocknen Plätzchen ein;
Denn nachts schleicht an die Grenze doch
Der landesflüchtge Winter noch.

O du mein ernst gewaltger Greis,
Mein Säntis mit der Locke weiß!
In Felsenblöcke eingemauert,
Von Schneegestöber überschauert,
In Eisespanzer eingeschnürt:
Hu, wie dich schaudert, wie dich friert!

Heinrich Heine

Im wunderschönen Monat Mai

Im wunderschönen Monat Mai,
Als alle Knospen sprangen,
Da ist in meinem Herzen
Die Liebe aufgegangen.

Im wunderschönen Monat Mai,
Als alle Vögel sangen,
Da hab ich ihr gestanden
Mein Sehnen und Verlangen.

Ernst ist der Frühling

Ernst ist der Frühling, seine Träume
Sind traurig, jede Blume schaut
Von Schmerz bewegt, es bebt geheime
Wehmut im Nachtigallenlaut.

O lächle nicht, geliebte Schöne,
So freundlich heiter, lächle nicht!
O, weine lieber, eine Träne
Küß ich so gern dir vom Gesicht.

Leise zieht durch mein Gemüt

Leise zieht durch mein Gemüt
Liebliches Geläute.
Klinge, kleines Frühlingslied,
Kling hinaus ins Weite.

Kling hinaus, bis an das Haus,
Wo die Blumen sprießen,
Wenn du eine Rose schaust,
Sag, ich laß sie grüßen.

Nikolaus Lenau

Frühlingsgedränge

Frühlingskinder im bunten Gedränge.
Flatternde Blüten, duftende Hauche,
Schmachtende, jubelnde Liebesgesänge
Stürzen ans Herz mir aus jedem Strauche.
Frühlingskinder mein Herz umschwärmen,
Flüstern hinein mit schmeichelnden Worten,
Rufen hinein mit trunkenem Lärmen,
Rütteln an längst verschlossenen Pforten.
Frühlingskinder, mein Herz umringend,
Was doch sucht ihr darin so dringend?
Hab' ichs verraten euch jüngst im Traume,
Schlummernd unter dem Blütenbaume?
Brachten euch Morgenwinde die Sage,
Daß ich im Herzen eingeschlossen
Euren lieblichen Spielgenossen,
Heimlich und selig – ihr Bildnis trage?

Der Postillion

Lieblich war die Maiennacht,
Silberwölkchen flogen,
Ob der holden Frühlingspracht
Freudig hingezogen.

Schlummernd lagen Wies und Hain,
Jeder Pfad verlassen;
Niemand als der Mondenschein
Wachte auf der Straßen.

Leise nur das Lüftchen sprach,
Und es zog gelinder
Durch das stille Schlafgemach
All der Frühlingskinder.

Heimlich nur das Bächlein schlich,
Denn der Blüten Träume
Dufteten gar wonniglich
Durch die stillen Räume.

Rauher war mein Postillion,
Ließ die Geißel knallen,
Über Berg und Tal davon
Frisch sein Horn erschallen.

Und von flinken Rossen vier
Scholl der Hufe Schlagen,
Die durchs blühende Revier
Trabten mit Behagen.

Wald und Flur im schnellen Zug
Kaum gegrüßt – gemieden;
Und vorbei wie Traumesflug
Schwand der Dörfer Frieden.

Mitten in dem Maienglück
Lag ein Kirchhof innen,
Der den raschen Wanderblick
Hielt zu ernstem Sinnen.

Hingelehnt an Bergesrand
War die bleiche Mauer,
Und das Kreuzbild Gottes stand
Hoch, in stummer Trauer.

Schwager ritt auf seiner Bahn
Stiller jetzt und trüber;
Und die Rosse hielt er an,
Sah zum Kreuz hinüber:

»Halten muß hier Roß und Rad,
Mags euch nicht gefährden:
Drüben liegt mein Kamerad
In der kühlen Erden!

Ein gar herzlieber Gesell!
Herr, 's ist ewig schade!
Keiner bließ das Horn so hell
Wie mein Kamerade!

Hier ich immer halten muß,
Dem dort unterm Rasen
Zum getreuen Brudergruß
Sein Leiblied zu blasen.«

Und dem Kirchhof sandt er zu
Frohe Wandersänge,
Daß es in die Grabesruh
Seinem Bruder dränge.

Und des Hornes heller Ton
Klang vom Berge wider,
Ob der tote Postillion
Stimmt in seine Lieder. –

Weiter gings durch Feld und Hag
Mit verhängtem Zügel;
Lang mir noch im Ohre lag
Jener Klang vom Hügel.

Frühlingsblick

Durch den Wald, den dunkeln, geht
Holde Frühlingsmorgenstunde,
Durch den Wald vom Himmel weht
Eine leise Liebeskunde.

Selig lauscht der grüne Baum,
Und er taucht mit allen Zweigen
In den schönen Frühlingstraum,
In den vollen Lebensreigen.

Blüht ein Blümlein irgendwo,
Wirds vom hellen Tau getränket,
Das einsame zittert froh,
Daß der Himmel sein gedenket.

In geheimer Laubesnacht
Wird des Vogels Herz getroffen
Von der großen Liebesmacht,
Und er singt ein süßes Hoffen.

All das frohe Lenzgeschick
Nicht ein Wort des Himmels kündet;
Nur sein stummer, warmer Blick
Hat die Seligkeit entzündet;

Also in den Winterharm,
Der die Seele hielt bezwungen,
ist ein Blick mir, still und warm
Frühlingsmächtig eingedrungen.

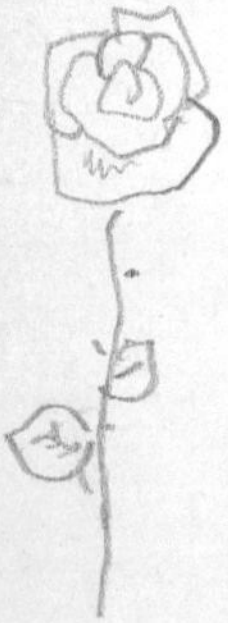

Karl Schimper

Frühling

Du wunderreiche Nachtigall
Wie kannst du mit Entzückungen entzücken,
Wie kannst du zauberhaft ein stilles Herz berücken!
Und Rose du, geboren in so süßem Schwall,
Wer wagte sehnend dich zu pflücken
Du Königin im Blumen-All!
O Rose wunderhold und Nachtigall
Ihr könnt ein Herz erwecken und beglücken!

Eduard Mörike

Das Mädchen an den Mai

Es ist doch im April fürwahr
Der Frühling weder halb noch gar;
Komm, Rosenbringer, süßer Mai,
Komm du herbei,
So weiß ich, was der Frühling sei!

– Wie aber? soll die erste Gartenpracht,
Narzissen, Primeln, Hyazinthen,
Die kaum die hellen Augen aufgemacht,
Schon welken und verschwinden?
Und mit euch besonders, holde Veilchen,
Wär es dann fürs ganze Jahr vorbei?
Lieber, lieber Mai,
Ach, so warte noch ein kleines Weilchen!

Im Frühling

Hier lieg ich auf dem Frühlingshügel:
Die Wolke wird mein Flügel,
Ein Vogel fliegt mir voraus.
Ach, sag mir, alleinzige Liebe,
Wo du bleibst, daß ich bei dir bliebe!
Doch du und die Lüfte, ihr habt kein Haus.

Der Sonnenblume gleich steht mein Gemüte offen,
Sehnend,
Sich dehnend
In Lieben und Hoffen.
Frühling, was bist du gewillt?
Wann werd ich gestillt?

Die Wolke seh ich wandeln und den Fluß,
Es dringt der Sonne goldner Kuß
Mir tief bis ins Geblüt hinein;
Die Augen, wunderbar berauschet,
Tun, als schliefen sie ein,
Nur noch das Ohr dem Ton der Biene lauschet.
Ich denke dies und denke das,
Ich sehne mich und weiß nicht recht nach was:
Halb ist es Lust, halb ist es Klage;
Mein Herz, o sage,

Was webst du für Erinnerung
In golden grüner Zweige Dämmerung! –
Alte unnennbare Tage!

Er ists

Frühling läßt sein blaues Band
Wieder flattern durch die Lüfte;
Süße, wohlbekannte Düfte
Streifen ahnungsvoll das Land.
Veilchen träumen schon,
Wollen balde kommen.
– Horch, von fern ein leiser Harfenton!
Frühling, ja du bists!
Dich hab ich vernommen.

Georg Herwegh

Frühlingsnacht

So selge Stille traf ich nie!
Kaum lispelts in den Zweigen,
Als hätten ein Geheimnis sie
Den Menschen zu verschweigen.

Kaum plätschert noch die Welle fort,
Kaum knospets in den Hecken,
Als gelte es, die Sterne dort
Am Himmel nicht zu wecken.

Die guten Geister senken sich
Auf ihren Strahlen nieder,
Und bringen, die bei Tag entwich,
Die Ruh den Träumen wieder.

Mein Schifflein treibt im Sturm allein,
Und Niemand will es retten;
So müd dies Haupt, schläfts doch nicht ein,
Ich muß ihm tiefer betten.

Theodor Fontane

Im Mai

Die Frühlingslüfte blauen,
Der Winter ist vorbei,
Es lachen Wald und Auen; –
Es ist ja wieder Mai.

Es rieseln alle Quellen
So frisch, so froh und frei,
Es tanzen alle Wellen;
Es ist ja wieder Mai.

Und alle Vögel singen
Die schönste Melodei,
Und alle Lüfte klingen; –
Es ist ja wieder Mai.

Doch sieh, die Schwalbe kreiset
Geängstigt um den Turm,
Und ach, prophetisch weiset
Und deutet sie auf Sturm.

Kaum hört sie das Geschmetter,
Die lustgen Melodein; –
Sie ahnet Sturm und Wetter
– Wie ich – bei Sonnenschein.

Frühling

Nun ist er endlich kommen doch
In grünem Knospenschuh;
»Er kam, er kam ja immer noch«,
Die Bäume nicken sichs zu.

Sie konnten ihn all erwarten kaum,
Nun treiben sie Schuß auf Schuß;
Im Garten der alte Apfelbaum,
Er sträubt sich, aber er muß.

Wohl zögert auch das alte Herz
Und atmet noch nicht frei,
Es bangt und sorgt: »Es ist erst März
Und März ist noch nicht Mai.«

O schüttle ab den schweren Traum
Und die lange Winterruh:
Es wagt es der alte Apfelbaum,
Herze, wags auch *du*.

Conrad Ferdinand Meyer

Lenzfahrt

Am Himmel wächst der Sonne Glut,
Aufquillt der See, das Eis zersprang,
Das erste Segel teilt die Flut,
Mir schwillt das Herz wie Segeldrang.

Zu wandern ist das Herz verdammt,
Das seinen Jugendtag versäumt,
Sobald die Lenzessonne flammt,
Sobald die Welle wieder schäumt.

Verscherzte Jugend ist ein Schmerz
Und einer ewgen Sehnsucht Hort,
Nach seinem Lenze sucht das Herz
In einem fort, in einem fort!

Und ob die Locke dir ergraut
Und bald das Herz wird stillestehn,
Noch muß es, wann die Welle blaut,
Nach seinem Lenze wandern gehn.

Lenz, wer kann dir widerstehn?

Jedem, außer an die Toten,
Sendet Frühling einen Boten,
Ein Gezwitscher aus den Lüften,
Eines Wölkchens helles Wehn,
Einer roten Knospe Springen,
Irgendein verstohlnes Düften,
Oder ein verlornes Singen –
Lenz, wer kann dir widerstehn?

Durch das Wiesengrün, das linde,
Wandr ich mit dem eignen Kinde
Und es kann an Murmelbächen
Nicht mit stummen Lippen gehn –
Wann die Knospen alle brechen,
Wollen Lippen sich entfalten,
Auf den jungen, auf den alten,
Will ein kleines Lied entstehn.

Lieb und Lust und Leben saugen
Will ich aus den Kinderaugen,
In dem Blicke meiner Kleinen
Will ich nach dem Himmel spähn,
Ja, es ist das gleiche Scheinen,
Hier im Blauen, dort im Blauen,
Und das selbige Vertrauen –
Lenz, wer kann dir widerstehn?

Kuckuck ruft! willst du erfahren
Deine Jahre, gläubge Seele?
Kuckuck ruft im Walde, zähle!
Neun und zehn und mehr als zehn...
Ei, das will ja gar nicht enden,
Frühling schenkt aus vollen Händen –
Soll auf diesen blonden Haaren
Noch den Myrtenkranz ich sehn?...

Detlev von Liliencron

Vorfrühling am Waldrand

In nackten Bäumen um mich her der Häher,
Der ewig kreischende, der Eichelspalter,
Und über Farnkraut gaukelt nah und näher
Und wieder weiter ein Citronenfalter,
Ein Hühnerhabicht schießt als Mäusespäher,
Pfeilschnell knicklängs vorbei dem Pflugsterzhalter,
Der Himmel lacht, der große Knospensäer
Und auf den Feldern klingen Osterpsalter.

Ricarda Huch

Still vom Frühlingsabendhimmel

Still vom Frühlingsabendhimmel
Schwebt ein Wolkenkahn zu mir hernieder;
Durch das irre Weltgetümmel
Zielt er lautlos wie auf Traumgefieder.

Mein Geliebter lenkt den Nachen,
Gram und Inbrunst in den schönen Zügen.
»Heim ziehn alle, die noch wachen,
Komm und laß uns Seel an Seele schmiegen.«

Langsam schwer in Abgrundsferne
Sinkt erlöschend der begrünte Hügel,
Und das Himmelreich der Sterne
Taucht aus seiner Augen dunklem Spiegel.

Else Lasker-Schüler

Frühling

Wir wollen wie der Mondenschein
Die stille Frühlingsnacht durchwachen,
Wir wollen wie zwei Kinder sein,
Du hüllst mich in Dein Leben ein
Und lehrst mich so, wie Du, zu lachen.

Ich sehnte mich nach Mutterlieb
Und Vaterwort und Frühlingsspielen,
Den Fluch, der mich durchs Leben trieb,
Begann ich, da er bei mir blieb,
Wie einen treuen Feind zu lieben.

Nun blühn die Bäume seidenfein
Und Liebe duftet von den Zweigen.
Du mußt mir Mutter und Vater sein
Und Frühlingsspiel und Schätzelein!
– – Und ganz mein Eigen . . .

Maienregen

Du hast deine warme Seele
Um mein verwittertes Herz geschlungen,
Und all seine dunklen Töne
Sind wie ferne Donner verklungen.

Aber es kann nicht mehr jauchzen
Mit seiner wilden Wunde,
Und wunschlos in deinem Arme
Liegt mein Mund auf deinem Munde.

Und ich höre dich leise weinen,
Und es ist – die Nacht bewegt sich kaum –
Als fiele ein Maienregen
Auf meinen greisen Traum.

Christian Morgenstern

Vorfrühling

Vorfrühling seufzt in weiter Nacht,
daß mir das Herze brechen will;
die Lande ruhn so menschenstill,
nur ich bin aufgewacht.

O horch, nun bricht des Eises Wall
auf allen Strömen, allen Seen;
mir ist, ich müßte mit vergehn
und, Woge, wieder auferstehn
zu neuem Klippenfall.

Die Lande ruhn so menschenstill;
nur hier und dort ist wer erwacht,
und seine Seele weint und lacht,
wie es der Tauwind will.

Butterblumengelbe Wiesen

Butterblumengelbe Wiesen,
sauerampferrot getönt, –
o du überreiches Sprießen,
wie das Aug dich nie gewöhnt!

Wohlgesangdurchschwellte Bäume,
wunderblütenschneebereift –
ja, führwahr, ihr zeigt uns Träume,
wie die Brust sie kaum begreift.

August Stramm

Vorfrühling

Pralle Wolken jagen sich in Pfützen
Aus frischen Leibesbrüchen schreien Halme Ströme
Die Schatten stehn erschöpft
Auf kreischt die Luft
Im Kreisen, weht und heult und wälzt sich
Und Risse schlitzen jählings sich
Und narben

Am grauen Leib
Das Schweigen tappet schwer herab
Und lastet!
Da rollt das Licht sich auf
Jäh gelb und springt
Und Flecken spritzen –
Verbleicht
Und
Pralle Wolken tummeln sich in Pfützen.

Hugo von Hofmannsthal

Vorfrühling

Es läuft der Frühlingswind
Durch kahle Alleen,
Seltsame Dinge sind
In seinem Wehn.

Er hat sich gewiegt,
Wo Weinen war,
Und hat sich geschmiegt
In zerrüttetes Haar.

Er schüttelte nieder
Akazienblüten
Und kühlte die Glieder,
Die atmend glühten.

Lippen im Lachen
Hat er berührt,
Die weichen und wachen
Fluren durchspürt.

Er glitt durch die Flöte
Als schuchzender Schrei,
An dämmernder Röte
Flog er vorbei.

Er flog mit Schweigen
Durch flüsternde Zimmer
Und löschte im Neigen
Der Ampel Schimmer.

Es läuft der Frühlingswind
Durch kahle Alleen,
Seltsame Dinge sind
In seinem Wehn.

Durch die glatten
Kahlen Alleen
Treibt sein Wehn
Blasse Schatten.

Und den Duft,
Den er gebracht,
Von wo er gekommen
Seit gestern Nacht.

Karl Kraus

Vallorbe

Mai 1917

Du himmlisches Geflecht, du Glockenblumenkorb,
Ursprung der Orbe, der Welt, du unversehrtes Ziel,
du Wonnewort Vallorbe, das in den Mai mir fiel,
du Tal der Täler du, traumtiefes Tal der Orbe!

Du Sonntag der Natur, hier seitab war die Ruh.
Ursprung der Zeit! So hat, da alles war geglückt,
Der Schöpfer diesen Kuß der Schöpfung aufgedrückt,
hier saß der Gott am Weg zum guten Lac de Joux.

Du Gnade, die verweht den niebesiegten Wahn,
Wie anders war es da, und da entstand die Zeit,
dieweil sie staunend still stand vor der Ewigkeit.
Wie blau ist doch die Welt vom Schöpfer aufgetan!

Rainer Maria Rilke

Frühling ist wiedergekommen

Frühling ist wiedergekommen. Die Erde
ist wie ein Kind, das Gedichte weiß;
viele, o viele... Für die Beschwerde
langen Lernens bekommt sie den Preis.

Streng war ihr Lehrer. Wir mochten das Weiße
an dem Barte des alten Manns.
Nun, wie das Grüne, das Blaue heiße,
dürfen wir fragen: sie kanns, sie kanns!

Erde, die frei hat, du glückliche, spiele
nun mit den Kindern. Wir wollen dich fangen,
fröhliche Erde. Dem Frohsten gelingts.

O, was der Lehrer sie lehrte, das Viele,
und was gedruckt steht in Wurzeln und langen
schwierigen Stämmen: sie singts, sie singts!

Weisst du nicht, wird der Rotdorn bald

Weißt du nicht, wird der Rotdorn bald
unser Gefühl bemühn?
Leise steigt das Grün.
Plötzlich hebt sich die Blühgestalt.
Ach, da klagen in dir
die du immer ins Zimmer gestellt
viele Blumen.

Die Nacht der Frühlingswende

Ein Netz von raschen Schattenmaschen schleift
über aus Mond gemachte Gartenwege,
als ob Gefangenes sich drinnen rege,
das ein Entfernter groß zusammengreift.

Gefangner Duft, der widerstrebend bleibt.
Doch plötzlich ists, als risse eine Welle
das Netz entzwei an einer hellen Stelle,
und alles fließt dahin und flieht und treibt...

Noch einmal blättert, den wir lange kannten,
der weite Nachtwind in den harten Bäumen;
doch drüber stehen, stark und diamanten,
in tiefen feierlichen Zwischenräumen,
die großen Sterne einer Frühlingsnacht.

Vorfrühling

Härte schwand. Auf einmal legt sich Schonung
an der Wiesen aufgedecktes Grau.
Kleine Wasser ändern die Betonung.
Zärtlichkeiten, ungenau,

greifen nach der Erde aus dem Raum.
Wege gehen weit ins Land und zeigens.
Unvermutet siehst du seines Steigens
Ausdruck in dem leeren Baum.

Gertrud von Le Fort

An das Licht

Und nun, im Namen des holdselgen Frühlings
Bitt ich dich, süßes Licht, wenn du jetzt wieder
Die Dämmerstunden eines Jahres küßt,
Daß eine um die andre, ihre samtnen Augen
Der Nacht abwendend, dir zu eigen wird
Als deine Liebende und selig wie du selber:
O küsse auch die dunkeln Schicksalstunden
Des ärmsten Volkes,
Diese frühlingslosen, aus dem Sonnenjahr
Hinausgesprengten und unsäglich einsamen
Im Raum des Lebens,
Daß wir das liebliche Gesetz der Himmel
Lichtwerdend miterfülln,
Im ewgen Reigen aller Kreaturen
Demütig schreiten – süßes, süßes Licht,
Erschrick dich nicht vor unsrer Finsternisse
Endlosen Eisesmonden:
Liebe sie auf, Geliebtes, leuchte ihre Nächte
In dich hinein –
Es wird dir keine widerstehn, denn heimlich sehnt sich jede
In deinen Strahlenarm, du Mächtiges –
Die letzte, gänzlich hoffnungslose
Liebt dich am zärtlichsten –
Erhöre sie: ich bitte dich im Namen des holdseligen Frühlings!

Hermann Hesse

Märzsonne

Trunken von früher Glut
Taumelt ein gelber Falter.
Sitzend am Fenster ruht
Schläfrig gebückt ein Alter.

Singend durchs Frühlingslaub
Ist er einst ausgezogen.
So vieler Straßen Staub
Hat sein Haar überflogen.

Zwar der blühende Baum
Und die Falter die gelben
Scheinen gealtert kaum,
Scheinen heut noch dieselben.

Doch es sind Farbe und Duft
Dünner geworden und leerer,
Kühler das Licht und die Luft
Strenger zu atmen und schwerer.

Frühling summt bienenleis
Seine Gesänge, die holden.
Himmel schwingt blau und weiß,
Falter entflattert golden.

Frühling

In dämmrigen Grüften
Träumte ich lang
Von deinen Bäumen und blauen Lüften,
Von deinem Duft und Vogelgesang.

Nun liegst du erschlossen
In Gließ und Zier
Von Licht übergossen
Wie ein Wunder vor mir.

Du kennest mich wieder,
Du lockest mich zart,
Es zittert durch all meine Glieder
Deine selige Gegenwart.

Hans Carossa

Frühling

Die Sonne wohnt nun wieder auf dem Domplatz,
Und Kinder spielen um den alten Brunnen.
Ein Taubenvolk glänzt kupfern auf den Stufen,
Und schwer wie Schwämme, die ganz vollgesogen
Mit Licht sind, schweben Wolken. Es ist Frühling.

An einem offnen Fenster auf dem Domplatz
Sitzt alle Tage nun ein blasses Fräulein.
Sie sieht nicht Wolken, nicht die schönen Tauben,
Sie muß für Frauen, die nichts von ihr wissen,
Den ganzen Tag und oft die halbe Nacht lang
Kostüme dichten, seidne Hüte putzen,
Und kalt und streng sind immer ihre Züge.
Nur manches Mal, wenn unter ihrem Herzen
Ihr Kind, das keimende, ganz leise pocht,
Als taste schon nach Licht das dumpfe Seelchen,
Dann glühn die bittern Lippen. Es ist Frühling.

Robert Walser

Frühling (I)

Es paßt wohl jedem, daß es wieder
warm ist, und daß die Fenster offen sind
und Frühlingswind ins Zimmer weht.
Vermutlich nimmt es niemand übel,
daß nun die Wälder wieder grünen
und Wiesen voller Gräser sind
und Vögel in den Bäumen singen
und Veilchen aus der Erde blühn.
Vielhunderttausend grüne Blätter!
Der Frühling ist ein Feldmarschall,
dem alle Leute gerne gönnen,
daß er die Welt bezwingt.
Siegreich durch alle Länder zieht sich
ein Blütenmeer. Die Gegenden
sind weiß, als wolle eine
Prinzessin angefahren kommen. O,
so zart ist alles, viel zu zart,
als daß es Dauer haben könnte.
Der Frühling ist nur kurz, was red ich
für altgebacknes Zeug. Das weiß
ja jeder. Kinderspiel im Freien!
»Ists möglich?« fragen sich die Menschen
und schaun sich an und lächeln. Einer
weint gar vor Freude. Schwierig ists,
in all das Herrliche zu sehn
und nicht gerührt zu sein. Der Frühling
war oft schon da und ist doch jedes
mal neu und immer wieder jung.
Das Alte geht mit Jungem. Gatte
mit Gattin. Kleines mit dem Großen,
und alle sind verbrüdert: Völker
mit Völkern. Zur Geliebten schleicht

der Liebende. Er singt. Nur dem,
der wahrhaft liebt, gelingt ein Lied.
Küssen und Träumen. – Unweit steht
mit finstrer Mien an einer Mauer
der Lebensernst; und wer an ihm
vorübergeht, muß zittern.

Frühling (II)

Es blüht und sprießt, bedeckt die vielen, niedlichen Gesträucher
mit winzgen Knospen; dies betrachtend, denk ich an Herrn Deucher,

der eines Tags mir seine günstge Meinung hat bekundet,
als ich mich im Rekrutenehrbewußtsein fühlt verwundet.

Ich sollte nämlich damals scheinbar einem Kameraden,
artig und aufmerksam bestrebt gewesen sein, zu schaden.

Im Kornhauskeller kams zur spannnden Auseinandersetzung.
Heut jedoch labe ich mich hier mit merklicher Ergetzung

am Anblick jungen Grüns, im übrigen an einer Tasse
Schoklad und müh mich, daß den lieben Frühling ich erfasse.

O, Freundin, wenn sich allerlei so hat entwickeln müssen,
so findst du Blumen jetzt, die dich mit ihrem Dufte küssen.

Rudolf Alexander Schröder

Frühlingsanfang

1

Nun wandel ich gern mit gelinderem Schritt
Entlang den Wiesen und Weiden,
Gelinderen Schritt,
Und ein Vogel zieht mit,
Und er singt, und so singen wir beiden.

Ich schreite getrost durch das sprossende Jahr,
Getrost aus dem alten ins neue.
Im sprossenden Jahr
Blaut Lenzluft klar,
Und mein Herz hat teil an der Bläue.

Im Wandern die Weiden und Wiesen entlang
Begleiten mich holde Gedanken
Die Wiesen entlang
Und werden Gesang;
Und Gesang wird Loben und Danken.

2

Nun ist das Dunkel abgetan;
Das Licht nimmt zu, das Jahr hebt an.

Sah heut am Weg durchs zage Grün
Die erste Blume sich bemühn,

Halb Rosenfarb, halb weißlich Grau,
Noch nicht des Sommers Rot und Blau;

Und doch, wie sichs am Boden wehrt
Und seinen Tropfen Tau begehrt,

Ein güldner Kelch, ein Strahlenrund:
Des Lobgesanges erster Mund.

3

Weide, silbern Angesicht
Weil ich dich von weitem sehe,
Leidet michs und hält mich nicht,
Bis ich grüßend vor dir stehe.

Heut! – Und oh, wie manches Jahr
Kam ich, Weide, dich befragen!
Denn ich wußte: Frühling war,
Wenn du wieder ausgeschlagen.

Jahr um Jahr dieselbe Tracht.
Eh die andern sich bemühen,
Weidenbaum, bist aufgewacht
Und beginnst alsbald zu blühen.

Ich verspür die Wandlung kaum,
Und sie hat dich schon durchdrungen;
Gülden überm Silberflaum
Künden mir die tausend Zungen

Botschaft, Jahr um Jahr erneut:
Frühling kam, die Welt geht offen! –
Weide, die mein Herz erfreut:
Wer ums Wunder weiß, lernt hoffen.

Ernst Stadler

Frühlingsnacht

Die Kirschbaumblüten im lichtdurchschwemmten Garten
Sind wie Kandelaber von Millionen Kerzen,
Die das Vollmondfeuer angesteckt. Die zarten Kissen
Grüngesprengten Rasens zwischen Krokusbeeten
Sind besteckt mit weißen Perlensäumen,
Und die kühle spiegelhelle Luft
Ist ein feiner Schleier von gewebtem Silber,
Den die Lenznacht heimlich glühend um die
Weiße warme Nacktheit ihrer Glieder hängt.

Oskar Loerke

Die Frühlingsfähren

Die Mühle zielt mit ihrem Flügel
Nach einem fernen Haselbusch
Der Maulwurf gräbt und wirft den Hügel,
Als baue er den Hindukusch.
Und aller Bauern Güter gären,
Und alle Gärten kochen Seim,
Und rings gehn unsichtbare Fähren
In süßen Kurven nach Nirgendheim.

Im Walde springt es wie von Riegeln,
Da quillt das rote Harz vom Kien
Und hockt in Buckeln, Blasen, Spiegeln
An Stämmen, die gen Himmel ziehn.
Im Walde haust ein wildes Schwären,

Das rauscht bei Nacht wie offner Most,
Jetzt fahren unsichtbare Fähren:
Steig ein nach Süd! Komm mit nach Ost!

Wie Handwerksburschenträume tanzen
Die Wolken, seelenvoll besonnt,
Als berstend dickgefüllte Ranzen
Von Horizont zu Horizont.
Die Himmel werden weit und gären
Wie neuer Welten Sauerteig.
Hoch steigen unsichtbare Fähren
Entgegen jedem Zukunftsreich.

Die blaue Luft hat lauter Türen,
Und blaue Türen sind die Seen
In unsre Erde: sie verführen
Verliebte Menschen, einzugehn.
Und immer höher gehn die Fähren.
Mit Kraut verwächst, ein schlecht Idol,
Die Erde, doch von selgen Heeren
Schallts auf sie nieder: Fahrewohl!

Die Ströme ziehn wie blanke Seile,
Vor die ein Sturmpferd sich gespannt.
Und schleppen sie noch eine Weile,
So werfen sie ins Meer ihr Land.
Fast jeder keucht nach andern Meeren,
Die Wolga, der Guadalquivir.
Laß fahren hin, denn Himmelsfähren,
Gehn, Bruder, über dir und mir.

Rondell vom Himmelbett

Himmel hängt zur Rechten und Linken
Um des Frühlings Himmelbett.
Wolkenputten mit rosigen Schinken
Spielen ein Menuett.

Manche blasen wahrhaftig noch Zinken,
Einer spielt wahrhaftig Spinett.
Blau zur Rechten und zur Linken
Weht der Himmel um das Bett.

Alter Zeiten Lieder hinken
Eingeschlafnen Fußes ans Bett.
Tote Liebende seh ich sinken
Zueinander Skelett an Skelett.

– – – Ipsa tulit canisia,
Die Bein, die waren weiß,
Fecerunt mirabilia,
Da niemand nit umb weiß.

Himmel hängt zur Rechten und Linken.

Georg Heym

Frühjahr

Die Winde bringen einen schwarzen Abend.
Die Wege zittern mit den kalten Bäumen
Und in der leeren Flächen später Öde
Die Wolken rollen auf die Horizonte.

Der Wind und Sturm ist ewig in der Weite,
Nur spärlich, daß ein Sämann schon beschreitet
Das ferne Land, und schwer den Samen streuet,
Den keine Frucht in toten Sommern freuet.

Die Wälder aber müssen sich zerbrechen
Mit grauen Wipfeln in den Wind gehoben,
Die quellenlosen, in der langen Schwäche
Und nicht mehr steigt das Blut in ihren Ästen.

Der März ist traurig. Und die Tage schwanken
Voll Licht und Dunkel auf der stummen Erde.
Die Ströme aber und die Berge decket
Der Regenschild. Und alles ist verhangen.

Die Vögel aber werden nicht mehr kommen.
Leer wird das Schilf und seine Ufer bleiben,
Und große Kähne in der Sommerstille
In grüner Hügel toten Schatten treiben.

April

Das erste Grün der Saat, von Regen feucht,
Zieht weit sich hin an niedrer Hügel Flucht.
Zwei große Krähen flattern aufgescheucht
Zu braunem Dorngebüsch in grüner Schlucht.

Wie auf der stillen See ein Wölkchen steht,
So ruhn die Berge hinten in dem Blau,
Auf die ein feiner Regen niedergeht,
Wie Silberschleier, dünn und zitternd grau.

Georg Trakl

Im Frühling

Leise sank von dunklen Schritten der Schnee,
Im Schatten des Baums
Heben die rosigen Lider Liebende.

Immer folgt den dunklen Rufen der Schiffer
Stern und Nacht;
Und die Ruder schlagen leise im Takt.

Balde an verfallener Mauer blühen
Die Veilchen,
Ergrünt so stille die Schläfe des Einsamen.

Frühling der Seele

Aufschrei im Schlaf; durch schwarze Gassen stürzt der Wind,
Das Blau des Frühlings winkt durch brechendes Geäst,
Purpurner Nachttau und es erlöschen rings die Sterne.
Grünlich dämmert der Fluß, silbern die alten Alleen
Und die Türme der Stadt. O sanfte Trunkenheit
Im gleitenden Kahn und die dunklen Rufe der Amsel
In kindlichen Gärten. Schon lichtet sich der rosige Flor.

Feierlich rauschen die Wasser. O die feuchten Schatten der Au,
Das schreitende Tier; Grünendes, Blütengezweig
Rührt die kristallene Stirne; schimmernder Schaukelkahn.
Leise tönt die Sonne im Rosengewölk am Hügel.
Groß ist die Stille des Tannenwalds, die ernsten Schatten am Fluß.
Reinheit! Reinheit! Wo sind die furchtbaren Pfade des Todes,

Des grauen steinernen Schweigens, die Felsen der Nacht
Und die friedlosen Schatten? Strahlender Sonnenabgrund.

Schwester, da ich dich fand an einsamer Lichtung
Des Waldes und Mittag war und groß das Schweigen des Tiers;
Weiße unter wilder Eiche, und es blühte silbern der Dorn.
Gewaltiges Sterben und die singende Flamme im Herzen.

Dunkler umfließen die Wasser die schönen Spiele der Fische.
Stunde der Trauer, schweigender Anblick der Sonne;
Es ist die Seele ein Fremdes auf Erden. Geistlich dämmert
Bläue über dem verhauenen Wald und es läutet
Lange eine dunkle Glocke im Dorf; friedlich Geleit.
Stille blüht die Myrthe über den weißen Lidern des Toten.

Leise tönen die Wasser im sinkenden Nachmittag
Und es grünet dunkler die Wildnis am Ufer, Freude im rosigen Wind;
Der sanfte Gesang des Bruders am Abendhügel.

Ein Frühlingsabend

Ein Strauch voll Larven; Abendföhn im März;
Ein toller Hund läuft durch ein ödes Feld
Durchs braune Dorf des Priesters Glocke schellt;
Ein kahler Baum krümmt sich in schwarzem Schmerz.

Im Schatten alter Dächer blutet Mais;
O Süße, die der Spatzen Hunger stillt.
Durch das vergilbte Rohr bricht scheu ein Wild.
O Einsamstehn vor Wassern still und weiß.

Unsäglich ragt des Nußbaums Traumgestalt.
Den Freund erfreut der Knaben bäurisch Spiel.

Verfallene Hütten, abgelebt Gefühl;
Die Wolken wandern tief und schwarz geballt.

Heiterer Frühling

1. Fassung

Wenn neu ergrünt der Bach in Abend fließt,
In Rohr und Weide rauscht das Frühlingsjahr;
Die blaue Luft ist süß und wunderbar
Von Blühendem, das sich zur Nacht ergießt.

An stillen Dämmerhecken läuft der Wind
Und sucht des Einsamen gestirnten Pfad.
In Gottes Schoß erglänzt die junge Saat,
Der Wald mit seinen Tieren weich und lind.

Die Birken dort, der schwarze Dornenstrauch
Stehn sanft in Schmerz und Wollust aufgelöst.
Hell Grünes blüht, ein dunkles Grün verwest
Und Kröten schliefen durch den jungen Lauch.

Dich lieb ich treu, du derbe Wäscherin.
Noch trägt die Flug des Himmels rosige Last.
Ein Fischlein blitzt vorüber und verblaßt;
Der Wind läuft silbern durch die Erlen hin,

Entlang an Dämmerhecken schwer und leis;
Ein kleiner Vogel trällert wie verrückt.
Das junge Korn schwillt leise und verzückt
Und Bienen sammeln noch mit ernstem Fleiß.

Komm Liebe nun zum müden Arbeitsmann;
In seine Hütte fällt ein lauer Strahl.
Der Wald strömt durch das Dunkel herb und fahl
Und Knospen flüstern heiter dann und wann.

Wie scheint doch alles Werdende so krank!
Ein Fieberhauch um einen Weiler kreist;
Doch aus Gezweigen winkt ein sanfter Geist
Und öffnet das Gemüte weit und bang.

Ein blühender Erguß verrinnt sehr sacht
Und Ungebornes pflegt der eignen Ruh.
Die Liebenden blühn ihren Sternen zu
Und süßer fließt ihr Odem durch die Nacht.

So schmerzlich gut und wahrhaft ist, was lebt;
Und leise rührt dich an ein alter Stein:
Wahrlich! Ich werde immer bei euch sein.
O Mund! der durch die Silberweide bebt.

Kurt Tucholsky

Vorfrühling

Sieh da: nun ist der fette Dichter wieder
von seinem Winterschläfchen aufgewacht,
und er entlockt der Harfe heitre Lieder,
ti püng – die Winde wehn, der Himmel lacht.

Er schauet sanft verklärt, und eine Putte
hält über seinem Kopf den Lorbeerkranz.
Vorfrühling nähert sich, die junge Nutte,
und probt, noch schüchtern, einen kleinen Tanz.

Das Barometer droht mit seinem Zeiger:
»Nicht immer feste druff!! Ich falle bald.«
Selbst Barometer schwätzen. Große Schweiger
sind selten in dem Land des Theobald.

Noch immer Zabern und Theaterpleiten,
und wie man wieder auf den Fasching geht,
Protestbeschlüsse, andre Lustbarkeiten –
und alles redt und alles redt.

Und wenn man dieses Deutschland sieht und diese
mit Parsifalleri – und -fallerein
von Hammeln abgegraste Geisteswiese –
ah Frühling! Hier soll immer Winter sein!

Der Lenz ist da!

Das Lenzsymptom zeigt sich zuerst beim Hunde,
dann im Kalender und dann in der Luft,
und endlich hüllt auch Fräulein Adelgunde
sich in die frischgewaschene Frühlingskluft.

Ach ja, der Mensch! Was will er nur vom Lenze?
Ist er denn nicht das ganze Jahr in Brunst?
Doch seine Triebe kennen keine Grenze –
dies Uhrwerk hat der liebe Gott verhunzt.

Der Vorgang ist in jedem Jahr derselbe:
man schwelgt, wo man nur züchtig beten sollt,
und man zerdrückt dem Heiligtum das gelbe
geblümte Kleid – ja, hat das Gott gewollt?

Die ganze Fauna treibt es immer wieder:
Da ist ein Spitz und eine Pudelmaid –
die feine Dame senkt die Augenlider,
der Arbeitsmann hingegen scheint voll Neid.

Durch rauh Gebrüll läßt sich das Paar nicht stören,
ein Fußtritt trifft den armen Romeo –
mich deucht, hier sollten zwei sich nicht gehören...
Und das geht alle, alle Jahre so.

Komm, Mutter, reich mir meine Mandoline,
stell mir den Kaffee auf den Küchentritt. –
Schon dröhnt mein Baß: Sabine, bine, bine...
Was will man tun? Man macht es schließlich mit.

Johannes Robert Becher

Ode im Frühling 1916

Es knüpft an Gott der Wohllaut, der geleitet
Ein sehr berühmtes Ohr, denn wunderbar
Ist ein berühmtes Leben groß und klar.
Es geht der Mensch zu Fuße oder reitet.
Hölderlin

Leuchtend wächst Himmel auf. Da löst sich
Die Stadt aus der Wucht der Gewölke.
Sanft ob des unendlichen
Bogens jauchzt heut die Seele.

Weit dehnst du dich, Ozean des Lichts!
Wie im duftvollen Bade
Neu taufend die Armen, heimkehrend
Aus der Höll des Geschäfts.

Straßen schaukeln verzückt.
Schwelgen die Bäume am Wind.
Wiegt euch, o wiegt euch selig vereint: Liebende
(Schmetterlinge) im Kelche des Abends!

Trunkene euch von der Süße des Leibs
Salbe ein Schlaf.
Leis knisternd
Atems Melodie...

Umarmte ihr den Völkern erscheint,
Leuchttürme ihr im Tumulte
Unseliger Schlacht. Rasend kocht es
Wie Fieber auf. Blut trat ins Gehirn der Menschen,
Kot brach aus ins Herz!
Weh, ruft der Dichter:
Wehe!!! Dreimal Wehe!

In euch aber Heilige, himmlisches Bild,
Unversehrt im Wurf der Granaten
(... lächelnd im Brause der Donner,
Vom Ornament der Blitze bestickt...)
– in euch aber greift
–– Trost nur mehr allein im Frieden oder im Tode suchend ––
In euch aber greift aller der Kämpfenden Blick.

Welch ein Mai! Augen erglänzen rings Beete bunt.
Arme wirbeln empor: sonnige Brunnen.
Haß –: Furche der Erde Gefilde zerstückelnd
Treibt (...jauchzt es heraus...) zündende Saat!!!

Welch ein Mai! Tage und Nächte rüstet zum Fest!
Lange gehemmt Nationen verschmelzen...
(heimwärtskehrend ineinander)
Könige schreiten sie alle im Bund.
Fanfaren, Finsternis zermalmend,
Eröffnen den Zug.

Welch ein Mai! Fest restloser Verbrüderung!
Hymnische Chöre schwebender Frauen. Von Kindern ein Psalm.
Männer schwingende! Tiere umscharen
Euch hell.

Welch ein Mai! Aufquillt der Fels: ein Prophet!
Ekstatisch ewige Liebe verkündend!
In den Azurgärten Gottes
Formt euch sein Haupt. Zum Gestirn.

Georg Britting

Vorfrühling

In das große, graue Himmelstuch
Ist ein blauer Streif gerissen.
Aufgeschlagen wie ein Buch
Liegt der Acker. Die zu lesen wissen

Lesen: Frühling! in der groben Schollenschrift.
Ackerfurchen sind wie krumme Zeilen,
Pappeln Ausrufzeichen, und zuweilen
Setzen Tümpel, die ein Lichtstrahl trifft

Hinter einen Satz ein Punkt.
Die Scheune mit dem grünen Dach,
Auf Bretterfüßen, morsch und schwach,
Ist von einem Lichterkranz umprunkt.

Drei Krähen, schwarz und in Talaren,
Hocken auf dem Heckenband.
Schlag in die Hand! In Federwindfanfaren
Schaukeln sie zum nächsten Ackerrand.

Ihre schwarzen Schatten schwanken
Spukhaft überm Wasserloch,
Wo sie krächzend niedersanken,
Sich schnell die Maus in ihren Höhlengang verkroch.

Von einem Hügel aus

Frühlingshimmel
Spannt sich bläulich grün.
Nackte Pappeläste schlagen
Windgezaust die rosigen Schimmel,
Die den Wolkenwagen
Ziehn.

Viele solche, viele heiße
Pferde stürmen sausend hin!
Unten blitzt der Fluß, der weiße.

Schräg am Talhang, gelb besonnt,
Die jungen Wiesen, zittern sie nicht leis?
Wie betrunken schwankt der frühe Mond.

Am Gebirge, goldgerändert,
Purpurstreifig, lichtbebändert,
Glüht das Eis.

Vorfrühlingswiesen

Als hätt ein süß betrunkener Engel Sekt
Über die Morgenwiesen ausgegossen,
Sind alle Mulden silbern überflossen,
Vom hellen Winde wallend aufgeneckt.

Und jetzt der Frosch, der frech vom Straßenbord
Ins Brausen hupft, ein grüner Sprung und Schwung,
Den blonden Kitzel schlürft, grasgrell, genießerisch und jung,
Der taumelt fast und glänzt. Dann taucht er fort.

Nelly Sachs

Wenn im Vorsommer

Wenn im Vorsommer der Mond geheime Zeichen aussendet,
die Kelche der Lilien Dufthimmel verströmen,
öffnet sich manches Ohr unter Grillengezirp
dem Kreisen der Erde und der Sprache
der entschränkten Geister zu lauschen.

In den Träumen aber fliegen die Fische in der Luft
Und ein Wald wurzelt sich im Zimmerfußboden fest.

Aber mitten in der Verzauberung spricht eine Stimme
klar und verwundert
Welt, wie kannst du deine Spiele weiter spielen
und die Zeit betrügen –
Welt, man hat die kleinen Kinder wie Schmetterlinge,
flügelschlagend in die Flamme geworfen –

und deine Erde ist nicht wie ein fauler Apfel
in den schreckaufgejagten Abgrund geworfen worden –

Und Sonne und Mond sind weiter spazierengegangen –
zwei schieläugige Zeugen, die nichts gesehen haben.

Gertrud Kolmar

Frühlingslied

Ich strecke die Hand
Über Frühlingsland;
Mein Tüchlein winkt, wolkiger Streif,
Mein Arm, deines Sonnrots verschimmerndes Band –
So streck ich die Hand
Über Frühlingsland.
Daß deine Rechte sie greif.

Schon haben mein Haupt
Liebe Lüfte belaubt;
Mein Wälderhaar rieselt dir zu.
Ein hellgrünes Zweiglein am Hange geraubt...
Schon haben mein Haupt
Liebe Lüfte belaubt,
Und es wiegt sich in bebender Ruh.

Da flüstert dir wirr
Durch Käfergeschwirr
Ein Gruß, der dich lange verließ,
Ein Lächeln in blaßroter Kelche Geklirr...
Nun grüß ich dich irr
In Käfergeschwirr
Und der Bienen golddunkelem Vlies.

Ich heb meinen Mund
Aus dem Frühlingsgrund.
Wenn immer dein Auge erwacht.
Und trittst du ihn nieder, der glänzend und wund,
In Frühlingsgrund
Meinen blühenden Mund,
Flammt er auf: als ein Stern deiner Nacht.

Alexander Lernet-Holenia

Der Frühling

Die helle Gegend liegt in blauen Hügelkreisen.
Die kalten Häuser stehen offen, und das Blenden
der Fenster spiegelt vor den rosenroten Wänden.
Aus niedern Türen riecht der Flur wie feuchtes Eisen.

Die Herden stehen sichtbar in den fernsten Räumen.
Der Wind erstrahlt von Wärme um die vielen Tiere.
Die Hörner auf den Rindern heben sich wie Lyren.
Gehörn des Widders ist von unsäglicher Reine.

Der Bach, am Friedhof wo die Ahnen sanft vergehen,
weint wie ein Kind in einem leeren Zimmer.
Im Zug der offnen Fenster friert die Fraun noch immer.
Die Blendung ungeheurer Himmel hängt in Höhen.

Die Mädchen stehn in blinden Spiegeln, licht im Lichten.
Sie kamen müd zurück vom Tanz der Nachbarschaften.
Die Blässe fließt wie Milch aus auf den engelhaften,
ihren wie Schalen umgeschütteten Gesichten.

Bertolt Brecht

Epistel an die Augsburger

Und als dann kam der Monat Mai
War ein tausendjähriges Reich vorbei.

Und herunter kamen die Hindenburggass
Jungens aus Missouri mit Bazookas und Kameras.

Und fragten nach der Richtung und kleinerer Beute
Und einem Deutschen, der den zweiten Weltkrieg bereute.

Der Irreführer lag unter der Reichskanzlei
Niederstirnige Leichen mit Bärtchen gab es zwei, drei.

In Straßengräben faulten Feldmarschälle.
Schlächter bat Schlächter, daß ers Urteil fälle.

Die Wicken blühten. Die Hähne schwiegen betroffen.
Die Türen waren geschlossen. Die Dächer standen offen.

Das Frühjahr

1
Das Frühjahr kommt.
Das Spiel der Geschlechter erneuert sich
Die Liebenden finden sich zusammen.
Schon die sacht umfassende Hand des Geliebten
Macht die Brust des Mädchens erschauern.
Ihr flüchtiger Blick verführt ihn.

2
In neuem Lichte
Erscheint die Landschaft den Liebenden im Frühjahr.
In großer Höhe werden die ersten
Schwärme der Vögel gesichtet.
Die Luft ist schon warm.
Die Tage werden lang und die
Wiesen bleiben lang hell.

3
Maßlos ist das Wachstum der Bäume und Gräser
Im Frühjahr.
Ohne Unterlaß fruchtbar

Ist der Wald, sind die Wiesen, die Felder.
Und es gebiert die Erde das Neue
Ohne Vorsicht.

Über das Frühjahr

Lange bevor
Wir uns stürzten auf Erdöl, Eisen und Ammoniak
Gab es in jedem Jahr
Die Zeit der unaufhaltsam und heftig grünenden Bäume.
Wir alle erinnern uns
Verlängerter Tage
Helleren Himmels
Änderung der Luft
Des gewiß kommenden Frühjahrs.
Noch lesen wir in Büchern
Von dieser gefeierten Jahreszeit
Und doch sind schon lange
Nicht mehr gesichtet worden über unseren Städten
Die berühmten Schwärme der Vögel.
Am ehesten noch sitzend in Eisenbahnen
Fällt dem Volk das Frühjahr auf.
Die Ebenen zeigen es
In alter Deutlichkeit.
In großer Höhe freilich
Scheinen Stürme zu gehen:
Sie berühren nur mehr
Unsere Antennen.

Ruth Schaumann

Der frühlinghafte Tod

Du bist vorbeigestrichen
Im Schatten eines Stars,
Die Sonne hängt verblichen
Am Halm des jungen Jahrs.

Ich kenne dich, du Leiser,
Ich weiß wohl, wem es gilt.
Durch braune Knospenreiser
Der Saft zum Wipfel schwillt.

Mir ist die Angst entwichen,
O Schwert am Glanz des Haars.
Du bist vorbeigestrichen,
Bevor die Welt verblichen,
Im blauen Schatten eines Stars.

Elisabeth Langgässer

Frühsommer

O, wie das Grüne sich andrängt:
Graugrünes, blaugrünes Meer!
Wie es sich bäumt und in Windeln
weißlichen Spelzes, in Spindeln,
stäubenden, still sich verengt.
Bis zu den Stallungen her
tritt es, das endlose Meer.

Hier: zugleich Szepter und Springflut,
schießts vom Rhabarber empor.
Dort flößt es Tagtraum und Trauer
durch die holundrische Mauer,
die auf der Bachsohle ruht.
Und sein Gelispel im Ohr,
hoch hebt der Nöck sich empor.

Vielbrüstig lehnt es als Schneeball,
schaumig den Zäunen sich an.
Göttin aus Ephesus: weichen
mußt du der Rose und bleichen,
blasseste Blüte des All.
Schneeballstrauch, mondgrüner Schwan
schweig und begrenze die Bahn.

Mystischer Frühling

Grüne Wolken in dem Garten,
unbestimmtes Licht,
das wie Flüstern durch die Scharten
einer Blätterburg mit zarten,
windbewegten Wänden bricht.

Scheuer Vögel jähe Schritte,
federnd überm Gras,
Botschaft, die gern Aufschub litte,
Hin und Her von Wunsch und Bitte,
Frage, Antwort, Wie und Was.

Doldenschwer verschränkt Syringe
sich Forsytias Laub.
Flicht Rapunzel in dem Ringe
kupplerischer Erdendinge
Zopf zur Leiter schlimmem Raub?

Laß dein Haar herunter, Schöne!
– Zwitscherts aus der Flut –
daß den Turm dein Glück verhöhne,
Kraut und Unkraut sich versöhne,
Gutes bös wird, Böses gut…

Unberührt von Liebesqualen,
schläft noch in dem Zelt
aus gespitzten Knospenschalen
(eingefaltet die Fanalen
fernen Dufts) der Rose Welt.

Fülle ruht in ihrer Fülle,
Blätter ungezählt.
Frucht ist Blüte, Herz ist Hülle.
All in einem: schwill und quille
Schoß, verschlossen und vermählt!

Die du noch nicht Rose heißest,
Rose nicht mehr bist,
wenn du später dich zerschleißest,
hauchend, auf den Namen weisest,
dess, der vor dir war und ist –

In dem wilden Wuchs der Tage
ausgeplanter Ort,
Narde, brich! Rapunzels Klage
salbe zu versunkner Sage,
Schuld und Schicksal dufte fort!

Vorfrühlingswald

Schatten wie Hunde im grauen Gewaid,
Schwarzdorn, beflockt von der Häsinnen Kleid.
Sterne, wie milchig. Von Starre erlöst.
Leben, wer lebt dich? Wer ists, der dich west?

Murmelnde Munde. Es steigt und verrinnt.
Surren und Sausen. Die Uralte spinnt.
Windgepeitscht, wirrt sich das Schlafgarn vom Strauch –
hört sie ihn ächzen? Und hört sie sich auch?

Grundwässer quillen. Geheimes Gefühl
zittert und zuckt durch der Erde Gestühl.
Yggdrasils Härte, sie harzte und schmolz,
und eine Gottheit wird hangen am Holz.

Frühling 1946

Holde Anemone,
bist du wieder da
und erscheint mit heller Krone
mir Geschundenem zum Lohne
wie Nausikaa?

Windbewegtes Bücken,
Woge, Schaum und Licht!
Ach, welch sphärisches Entzücken
nahm dem staubgebeugten Rücken
endlich sein Gewicht?

Aus dem Reich der Kröte
steige ich empor,
unterm Lid noch Plutons Röte
und des Totenführers Flöte
gräßlich noch im Ohr.

Sah in Gorgos Auge
eisenharten Glanz,
ausgesprühte Lügenlauge
hört ich flüstern, daß sie tauge
mich zu töten ganz.

Anemone! Küssen
laß mich dein Gesicht:
Ungespiegelt von den Flüssen
Styx und Lethe, ohne Wissen
um das Nein und Nicht.

Ohne zu verführen,
lebst und bist du da,
still mein Herz zu rühren,
ohne es zu schüren –
Kind Nausikaa!

Erich Kästner

Der Mai

Im Galarock des heiteren Verschwenders,
ein Blumenzepter in der schmalen Hand,
fährt nun der Mai, der Mozart des Kalenders,
aus seiner Kutsche grüßend, über Land.

Es überblüht sich, er braucht nur zu winken.
Er winkt! Und rollt durch einen Farbenhain.
Blaumeisen flattern ihm voraus und Finken.
Und Pfauenaugen flügeln hinterdrein.

Die Apfelbäume hinterm Zaun erröten.
Die Birken machen einen grünen Knicks.
Die Drosseln spielen, auf ganz kleinen Flöten,
das Scherzo aus der Symphonie des Glücks.

Die Kutsche rollt durch atmende Pastelle.
Wir ziehn den Hut. Die Kutsche rollt vorbei.
Die Zeit versinkt in einer Fliederwelle.
O, gäb es doch ein Jahr aus lauter Mai!

Melancholie und Freude sind wohl Schwestern.
Und aus den Zweigen fällt verblühter Schnee.
Mit jedem Pulsschlag wird aus Heute Gestern.
Auch Glück kann weh tun. Auch der Mai tut weh.

Er nickt uns zu und ruft: »Ich komm ja wieder!«
Aus Himmelblau wird langsam Abendgold.
Er grüßt die Hügel, und er winkt dem Flieder.
Er lächelt. Lächelt. Und die Kutsche rollt.

Besagter Lenz ist da

Es ist schon so. Der Frühling kommt in Gang.
Die Bäume räkeln sich. Die Fenster staunen.
Die Luft ist weich, als wäre sie aus Daunen.
Und alles andre ist nicht von Belang.

Nun brauchen alle Hunde eine Braut.
Und Pony Hütchen sagte mir, sie fände:
die Sonne habe kleine, warme Hände
und krabble ihr mit diesen auf der Haut.

Die Hausmannsleute stehen stolz vorm Haus.
Man sitzt schon wieder auf Caféterrassen
und friert nicht mehr und kann sich sehen lassen.
Wer kleine Kinder hat, der fährt sie aus.

Sehr viele Fräuleins haben schwache Knie.
Und in den Adern rollts wie süße Sahne.
Am Himmel tanzen blanke Aeroplane.
Man ist vergnügt dabei. Und weiß nicht wie.

Man sollte wieder mal spazierengehn.
Das Blau und Grün und Rot war ganz verblichen.
Der Lenz ist da! Die Welt wird frisch gestrichen!
Die Menschen lächeln, bis sie sich verstehn.

Die Seelen laufen Stelzen durch die Stadt.
Auf dem Balkon stehn Männer ohne Westen
und säen Kresse in die Blumenkästen.
Wohl dem, der solche Blumenkästen hat!

Die Gärten sind nur noch zum Scheine kahl.
Die Sonne heizt und nimmt am Winter Rache.
Es ist zwar jedes Jahr dieselbe Sache,
doch es ist immer wie zum erstenmal.

Oda Schaefer

April

Langsam zieht heran die Trift
Weißer Wolken, weißer Ballen,
Keil der Gänse – Bilderschrift,
Aufgezeichnet wie mit Krallen,

Und die blauen Winde fallen,
Dünne Schauer, rüttelnd ein,
Frage, Ruf, Gelächter hallen
Nur als Echo noch allein,

Das in tiefe Schluchten weht,
Wo die grünen Flore wallen,
Laub in grünen Flammen steht
Und der Freude Hörner schallen.

Mai

Wie Federbälle sind die leichten Vogelbrüste
In Wind und Himmel selig hingeschnellt
Und fallen im Gebüsch der Weiden nieder.
Bedeckt mit hellem Flaum und Laub
ist nun das wüste,
Das winterliche Land... die Erde hält
Gleich einem jungen Zweig die Amsellieder.

Und wieder sind die schmalen Inseln angeschwemmt,
Auf denen Jubel ist und rasche Paarung,
Das Gras verbirgt Entzücken und das Nest.
Es spielt das Wasser, weiß von Hecken eingedämmt,
Im Licht der morgendlichen Offenbarung
Und blühend hebt zum Mittag sich das Fest.

Reinhold Schneider

Italienischer Frühling

Tivoli

Wie das Wasser, das befreite,
Stürzt die Seele dir hervor,
Breitet Fächer in die Weite
Und wird drängender im Rohr;
Schmilzt in Wipfeln: Eis und Feuer,
Stürzt sich nieder, schwebt zurück;
Stürzt noch einmal: ungeheuer
Ist ihr Fallen, ist ihr Glück.

Alle Spiele im Versprühen,
All ihr Leben gibt sie hin;
Ist zu eilig, um zu glühen,
Und zu stille, um zu ziehn;
Jauchzt in breitgeschwollnen Flüssen,
Ist noch froher im Verwehn;
Aller Becken Ränder müssen
Wieder sie entstürzen sehn.

Peter Huchel

Die dritte Nacht April

Der Havel das Eis, den Kröten den Mund
öffnet April.
Der Himmel war vom Schnee noch wund,
ich kam auf die Welt, es regnete still
in der dritten Nacht April.

Die Milch der Mutter schmeckte gut.
Der Birkbusch wuchs, ich blieb nicht jung.
Die Nacht verdunkelte mein Blut,
der Augen braune Dämmerung.

Der Schatten meines Herzens steht
im kalten Schatten vom April,
dem feldernden, der Lerchen weht,
und in den Bäumen leben will.

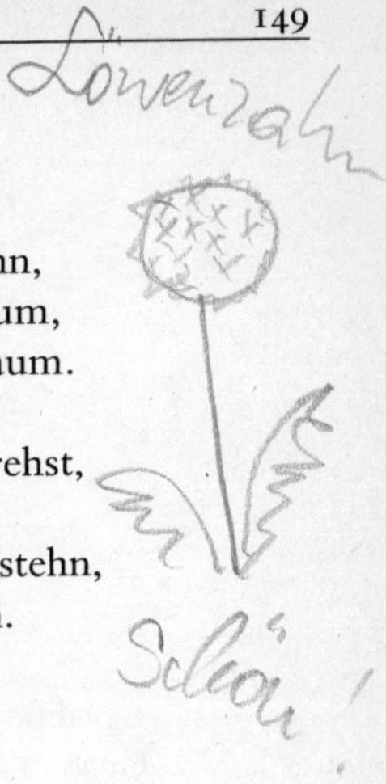

Löwenzahn

Fliegen im Juni auf weißer Bahn
flimmernde Monde vom Löwenzahn,
liegst du versunken im Wiesenschaum,
löschend der Monde flockenden Flaum.

Wenn du sie hauchend im Winde drehst,
Kugel auf Kugel sich weiß zerbläst,
Lampen, die stäubend im Sommer stehn,
wo die Dochte noch wolliger wehn.

Leise segelt das Löwenzahnlicht
über dein weißes Wiesengesicht,
segelt wie eine Wimper blaß
in das zottig wogende Gras.

Monde um Monde wehten ins Jahr,
wehten wie Schnee auf Wange und Haar.
Zeitlose Stunde, die mich verließ,
da sich der Löwenzahn weiß zerblies.

Marie Luise Kaschnitz

Jener April

Farbaufgenommen April
Hochsommerheißer
Hundssonne im kahlen Gezweig
Bei der Weide dem wehenden Haus
Kopfstehen im Garten die Kinder
Mit popbunten Tüchern
Wischen Erwachsene

Kreislaufgestört
Sich die Angst von der Stirn
Lächeln erinnern sich
An jenen andern April
Hundssonne im Kahlen Gezweig
Als der Friede über den Berg
Kroch in Gestalt von Panzern.

April der Kinderzeit

April der Kinderzeit gewitterschwüler
Geruch des steigenden Saftes. Schluchzender Kuckuck.
Die Irren weinen in dem Haus am Wege
O schweigender Wald überm See.

Schöne Kinder hat die Braut geboren
Alle sind sie ihr genommen worden
Totgesagt und heimlich fortgetragen
Schachteln, Schächtelchen voll toter Kinder
O schweigender Wald überm See.

Meinen Liebsten werd ich nicht begraben
Unter drei Schaufeln Sand und Hyazinthen
Der Tod ist ein Brief, fällt klappernd in den Kasten
Man muß ihn rollen und hinunterwürgen
O schweigender Wald überm See.

Dem Wächter zahl ich Wein, Blut meines Lebens
Daß er mich einläßt in die tiefe Barke
Die im Museum steht, im Hinterzimmer.
O letztes Bild gespiegelt im zitternden Wasser
Schweigender Wald überm See.

Günter Eich

Frühling in der goldenen Meil

Daheim verbrannten Kleider und Schuh,
Nibelungen und Faust.
Ich schaue dem Flug der Mosquitos zu,
mit fiebrigen Augen, stumpf und verlaust.

Die Tage im Stacheldrahtgeflecht,
Schlaf unterm Scheinwerferstrahl.
An Achselhöhle und Geschlecht
nähre ich Ekel und Qual.

In trübe Stille das Lager versinkt.
Mein eigener Seufzer füllt kein Ohr.
Als Gruß der Welt noch herüberdringt
der Geruch von Latrine und Chlor.

Ungerührt von allem besteht
die Vollkommenheit der Welt.
Gottes eisiger Odem weht
übers Gefangenenzelt.

März

Manche hoffen noch,
das Jahr werde hier enden.
Aber die Abflüsse des Schnees
sind ohne Mitleid.

Schwarz von Schlaf
das Fell des Maulwurfs.
Ihm, der dir zugetan ist,
vergehen die Wochen,
während das Hagelkorn
auf deinem Handrücken schmilzt.

In eine Schiefertafel eingegraben
kehrt die Kindheit zurück:
Das Gras richtet sich auf und horcht.

Rose Ausländer

Amseln

Amseln
ich streue Brot
bald
ist es Frühling
die Vögel
schwirren mir zu

Ich kann
das Bett nicht verlassen
so fliege ich hoch
in den Raum
mit den emsigen Amseln
von Wolkenblitzen
beschützt

Mai

Mai
mein Monat
du streust
den weißen
Blütenschnee
mir in den Nacken
Er brennt

Ich habe

Ich habe
dich geliebt
bis ins letzte
Jahrhundert
sagt
das Maiglöckchen
und gibt mir
sein Gift

Ich sterbe nicht

Ernst Meister

Es war Mai

Es war Mai,
Juni auch, und es wurde
manches empfunden
betreffs der Natur.

Diese, sich über
den Weltabgrund neigend
mit Gleichmut. O
goldener Ginster.

Mascha Kaléko

Nennen wir es »Frühlingslied«

In das Dunkel dieser alten, kalten
Tage fällt das erste Sonnenlicht.
Und mein dummes Herz blüht auf, als wüßt es nicht:
Auch der schönste Frühling kann nicht halten,
Was der werdende April verspricht.

Da, die Amseln üben schon im Chor,
Aus der Nacht erwacht die Welt zum Leben,
Pans vergessenen Flötenton im Ohr...
Veilchen tun, als hätt es nie zuvor
Laue Luft und blauen Duft gegeben.

Die Kastanien zünden feierlich
Ihre weißen Kerzen an. Der Flieder
Bringt die totgesagten Jahre wieder,
Und es ist, als reimten alle Lieder
Sich wie damals auf »Ich liebe dich«.

– Sag mir nicht, das sei nur Schall und Rauch!
Denn wer glaubt, der forscht nicht nach Beweisen.
Willig füg ich mich dem alten Brauch,
Ist der Zug der Zeit auch am Entgleisen –
Und wie einst, in diesem Frühjahr auch
Geht mein wintermüdes Herz auf Reisen.

Nachdenkliches Pfingstgedicht

Die Heckenrose greift nicht zum Kalender,
um festzustellen, wann der Lenz beginnt.
Die Schwalben finden heim in ihre Länder.
Ihr »Reiseführer« ist der Maienwind.

Der kleinste Käfer rüstet sich im Grase
und weiß auch ohne Weckeruhr Bescheid.
Die Frösche kommen pünktlich in Ekstase.
Und auch die Schmetterlinge sind bereit.
Im Stalle blöken neugeborne Schafe,
und junge Entlein tummeln sich im Bach.
Der Wald erwacht aus seinem Winterschlafe
ganz ohne Kompaß oder Almanach.

Ein Badehöschen flattert von der Stange.
Es riecht nach Maitrank, Bohnerwachs und Zimt.
Die Kaffeegärten rüsten zum Empfange.
Der Lenz beginnt. Es dauert ziemlich lange,
bis ihn das Menschenherz zur Kenntnis nimmt.
Und Blüten treibt. (Sofern das Datum stimmt.)

Hilde Domin

Der Frühling ein riesiger Specht

Der Frühling
ein riesiger Specht
hat alle Bäume verwundet.
Quellende Schnittflächen leuchten
wo das dunkle Skelett
auf die blaue Wirklichkeit trifft.

Und wie ich hinaufsehe
und du
geliebte Wunde
schmerzst und quillst,
erscheint auf dem Blau
atembestürzend
ein blutroter Fleck
nicht größer als eine Hand
und ich weiß nicht
ist es mein Herz
oder ein Kardinal
der hoch in den Zweigen sitzt
und singt.

Karl Krolow

Im Frühling

Immer noch werden
idyllische Geschäfte besorgt.

Zeit ohne strenges Profil,
mit der Greisenerscheinung
des geflohenen Winters.

Einer schneidet Vignetten
und verstreut sie als Vögel
zur Liebkosung der Luft.

Häuser bekommen über Nacht
Gärten, in denen
das Licht scherzt.

Höltys Freund mit
den schönen Gedanken,
die unsterbliche Locke
im Wind.

Blühen

Blühen
kennt keine
perspektivische Störung.

Phantasien der Licht-Uhr:
Grün, das von Baum zu Baum
fliegt.

Die Natur ist älter
als Rousseau –
Unschuld der
sichtbaren Vergnügen.

Mit offenen Armen
stürzt die Zeit
in die Geschichten
duftender Vegetation.

Schlaflose Luft
trägt die Samen davon.

Neues Wesen

Blau kommt auf
wie Mörikes leiser Harfenton.
Immer wieder
wird das so sein.

Die Leute streichen
ihre Häuser an.
Auf die verschiedenen Wände
scheint Sonne.
Jeder erwartet das.
Frühling, ja, du bists!
Man kann das nachlesen.
Die grüne Hecke ist ein Zitat
aus einem unbekannten Dichter.

Die Leute streichen auch
ihre Familien an, die Autos,
die Boote,
Ihr neues Wesen
gefällt allgemein.

Gute Nacht

Dieser endgültige Frühling nachts.
Nur weiße Zähne leuchten.
Das läßt sich in keiner Sprache
sagen. Die Logik der Körper
ist stärker: eine Musik in jedem
Augenblick, wie eine Hand,
die unter eine Achsel faßt,
ein anderes Leben in jedem Fall,
vielleicht eine notwendige
Vorbereitung auf den Tod,
ohne Angst das alles, eine Girlande,
weil Mai ist und es überall
knistert vor Glück.
Was ist Liebe?
La douce pensée.
Werther ist weit. Wieviel Schlaflosigkeit!
Die Osrambirnen glühen
für Phädra. Gute Nacht, gute Nacht.

Cartesianischer Mai

Methodisches Frühjahr.

Cartesianischer Mai, sein
folgerichtiges Blühen.

Die farbige Botanik
entfaltet sich in
Bosketten.

Man sieht der Entstehung
bekannter Blumen zu.

Grüne Silben
kommen zu Wort.

Der unaufhaltsame Flieder
grüßt den gerechten Himmel.

Johannes Bobrowski

An Hölty

Maientanz
oder Die Schäferin –
Blättergeschrei um den Lorbeer,
Windung, im Frost
Rauch.
Der Atem
gegangen durch Wasser.

Es war eine Furt,
sandig, Wirbel zogen, das Licht
starr. Es war ein Baum.
Abend. Ein Mund,
der sich dem Salz versagte.

War deine Stimme.
Mailied,
unter der Erde.

Paul Celan

Bergfrühling

In den Körben blau den Rauch der Fernen,
Gold der Tiefen unterm Tuch, dem härnen,
kommst du wieder mit gelösten Haaren
von den Bergen, wo wir Feinde waren.

Deinen Brauen, deinen heißen Wangen,
deinen Schultern mit Gewölk behangen,
bieten meine herbstlichen Gemächer
große Spiegel und verschwiegne Fächer.

Aber oben bei den Wasserschnellen,
über Primeln, du, und Soldanellen,
ist wie hier dein Kleid mit goldnen Schnallen
weiß ein Schnee, ein schmerzlicher, gefallen.

Ilse Aichinger

An einen 4. März

Nichts fängt sich,
die Küken rennen barfuß im Wind,
die Schuster sind ausgeflogen,
die Pläne gestern und bei Licht davongekarrt,
Kommt mit auf die lange Wiese
und wer von uns als erster
sieben Schnäbel im Gesicht hat
und die Pest am Hals,
eh wir uns schlafen legen,
wird Sieger.

Kurt Marti

FRÜHLING

der mann mit dem gelben strohhut ist da
dem güterzuge entsprungen
der langsam am stadtpark vorbeifuhr
er ists
der mann mit dem hut

er wirbelt sein stöckchen
er trällert im park
und hat den staub
zu dem er geworden
von seinen schuhen geputzt

er ists er ists
der mein großvater ist
oder war
oder sein wird!

Heinar Kipphardt

Angelsbrucker Notizen 3

Der Fluß im Frühjahr

Wenn sich die Wiesen begrünen
und die viel vorsichtigeren Bäume
steigt aus der Tiefe des Flusses
der Schlamm
die Nachricht vom Wachstum am Grunde
(folgt das Dementi im Herbst)

Angelsbrucker Notizen 4

Den Fluß entlang die Kirschbäume
sind heute morgen erblüht.
Am Abend fiel Schnee und es fror.
Über die eisgrüne Wiese
hüpfen die pfundschweren Amseln
und flöten verstimmt.

Ernst Jandl

DER FRÜHLING

der frühling, sagt sie
ist deine gute zeit
und muß es aus den vielen
jahren wissen
aber die sonne hat sich
inzwischen verändert
auch der fliederstrauch
auch der kastanienbaum

Heinz Piontek

Er merkt, dass es Zeit wird

Wie ich dem Herbst nachlief
so viele Jahre.

Mit Lehm an den Schuhen, rostrot gestrichelte Wege.
Auf die Taschen klopfte ich meiner Manchesterjacke
und beschattete die Augen skeptisch.
Den Mond erklärte ich für einen Engländer.

Dann wars soweit
und ich ein Kind des Schnees.

Hinter der Erinnerung ging ich schneller und
nannte sie Liebe. Ich stellte mich
zwischen Tür und Angel, überzeugt, wir verstünden
zu reden. Das nannte ich Abschied.

Nun wird es Zeit, daß ich
dem Frühling traue.

Ingeborg Bachmann

Sterne im März

Noch ist die Aussaat weit. Auf treten
Vorfelder im Regen und Sterne im März.
In die Formel unfruchtbarer Gedanken
fügt sich das Universum nach dem Beispiel
des Lichts, das nicht an den Schnee rührt.

Unter dem Schnee wird auch Staub sein
und, was nicht zerfiel, des Staubes
spätere Nahrung. O Wind, der anhebt!
Wieder reißen Pflüge das Dunkel auf.
Die Tage wollen länger werden.

An langen Tagen sät man uns ungefragt
in jene krummen und geraden Linien,
und Sterne treten ab. Auf den Feldern
gedeihen oder verderben wir wahllos,
gefügig dem Regen und zuletzt auch dem Licht.

Paul Wühr

Wann treffen sich ihre zwei Schenkel

Wann treffen sich ihre zwei Schenkel
auf der Frühlingswiese Grüß Gott
liegt Mörike zu euren Füßen dem
seine Flügel wachsen als ich mich
an seinem Gedicht vergehe da kommt
mein Vogel geflogen des Windes
wohin ach sagen sie Alleinzige wo
haben ihre Schenkel ihr Haus

Günter Bruno Fuchs

Polizist im Frühling

Morgens
trat mir die Sonne
entgegen. Ich bin schon
mit ganz andern Leuten
fertig geworden. Mein Gummiknüppel
wuchs mir aus der Hand,
ich hatte
zu tun, hatte
Arbeit
nach langer Zeit –
leider nicht viel, aber der Mensch
freut sich.

Hans Magnus Enzensberger

April

Mein freundliches Irrlicht, meine entfernte Schalmei,
mein junger Schimmel
Zwischen mürrischen Silos
zwischen Pulvermühlen und Hauptquartieren
in Triest in Cadiz
unter Hafenkränen in Göteborg
Wo immer wir spielen
ist ein Wald von Oliven
ein reicher Fischgrund
eine Bucht aus silbernem Schlick
eine Lichtung voll Moos
ein Hügel mit wilden Kirschen

Kein Preßlufthammer: eine sanfte Verneigung
Kein Panzerschiff: eine leichte Gavotte

Und zart wie eine gefiederte Frucht
ist der April in unserem Mund
in der Rue Vavin am Göta-älv
unter Hafenkränen in Rotterdam
Wo immer wir spielen ist ein April
mein freundliches Irrlicht
meine zarte Schalmei
Schalmei April
Schalmei

Walter Helmut Fritz

Früh im Jahr

Wie die Ferne
gegen die Augen stößt.

Der Hang,
den du entlanggehst:
ein Gesims über dem Weg.

Weißdorn,
blühend schon.

Aber der Tag
ist verletzt.

Man weiß nicht
wodurch.

Josef Hasl

Pappelflaum

Komm
im April

Wenn
der Pappelflaum
fliegt

steht
auch die Mandel
in Blüte

wird
zur Sage
der Stein

Ruder
aus Licht
rühren die Tiefe

Das geflüsterte
Wort
hat seine Zeit

wie
die Scheitel
der Kinder

wie
das Erbarmen
der Nacht

Komm
komm im April

Krokus

Springtime
Frühling

Der Asche des Winters
kaum entstiegener
Vogel

Wir hörten sein Atmen
und Flügelschlagen
unter dem Eis

durch Februarnächte
geraunt
seine fernen
wiedergefundenen Namen

primavera
printemps

und sehen ihn jetzt
als Wolke
als Rinnsal
als zerronnenen Schnee

im Mund schon
das Blumenwort
Krokus

Jürgen Becker

April is the cruellest month

Ostern vorüber (und ich hatte jahrelang geglaubt,
in der Karwoche fliegen
die Kirchenglocken wirklich nach Rom).
Jetzt fiebernd, heiser und ängstlich verfolgend
den Fortschritt der Diphterie in der Stadt.
In diesem Jahr kein Gregorianischer Gesang;
statt dessen ein Bild
mit schwarzgefärbten Eiern (»aber es gibt

die schwarzen Eierfarben nicht«). Laßt einen gehen,
wenn er alles vergißt; er wird stolpern
und fallen und aufstehn –
Warme rheinische Luft; in Brandenburg Schnee.
Beckett im Programm; das siebzigste Jahr; noch einmal
dieser Dreizehnte mit deinen Tränen, Damals
That Time.
Hättest du und wäre ich; weiter so
im Konjunktiv; nun erst mal volles Grün
in die Gärten (denken wir an den Ginster: einmal
fehlte er ein ganzes Jahr; und mit diesem Vakuum
sind wir beschäftigt geblieben). Wie geht es,
fragen wir, den Freunden ohne unseren Krieg?
Tag und Nacht ein summendes Hochhaus
mit Namen Augustus, im Land zwischen
Eifel und Bergischen Hügeln; was ist; ich weiß nicht,
von den Leuten im Aufzug zu lernen?
Die eine, die andere Frage; später vielleicht, »Am Ende
unbestimmter Tage«; ich sagte, ich werde nicht
alt wie ein Baum –
Im Garten meines Vaters sah ich plötzlich wieder
den alten Haselnußstrauch. Schon immer
mit seinen roten Blättern. Jetzt
hat er grüne Blätter, an diesem neuen Zweig.

Reiner Kunze

Erster Frühlingstag

Frauen ich sehe euch
fenster putzen

Und der himmel, der schillernde vogel,
wird sich in eure gläsernen fallen stürzen bis zum abend bis

sein entzündetes Auge verglüht, der
graue erblindete vogel, der
schwarze vogel, dessen
gelbes auge euch nackt sieht

Frauen ich sehe euch
fenster putzen

Am abend werden sie das licht
weitersagen wie gute worte wie
verschämte worte wie
worte hinter vorgehaltner hand wie
ungewollte worte

Frauen ich sehe euch
fenster putzen

Daß der tausendschwänzige regen
wenigstens nicht diese nacht
gegen die scheiben schlage, schlagen
alle fenster ein kreuz

Rainer Kirsch

Kein Winter fiel

Kein Winter fiel. Die Welt ein Frühling. Ein
Schönes Leuchten geht durch die Gazetten.
Spanische Liedchen: was wir haben, leihn
Wir uns von niemand aus, es sei, wir hätten

Es vorher weggeschenkt. Ach, Freund, nicht Tulpen!
Blühend dein Lächeln zier die spitze Krone.
Nicht Holland, nein. Deutsch schreiten Stiefelstulpen
Zum Ausverkauf, von Leder oder ohne

Was tuts? Kein Schnee. Bloß Wind fegt uns den Kopf
Amerikanisch wolln wir nicht mehr singen
Wer Suppe möchte, wirft sich in den Topf
Daß man ihn leer, die hohen Töne klingen

Wie wir sie ziehen aus dem nackten Fell.
Du aber sprich geschlossnen Munds, und schnell.

Dieter Schlesak

Lenz Märchen der Sinne

Lenz Märchen der Sinne
Alles schwirrt
Und geht dich an.

Die Nervenenden der Blumen
Sind verletzlich
Der erste Kuckuck
Sagt die Zeit an
Die Sprüche klopfen
An die Erde.

An meinen nackten Sohlen
Biegt sich in den Tod
Der Grashalm meinem Innern zu.

Die Samenkörner platzen
Stumm / wie die Toten
Die in mir noch wachsen.
Sanft läutet in uns
Jetzt ein Anfang.

Zurück im Kern des Traumes geht
Dort wo alles erst beginnt
Erinnert / die Bewegung
Dieses Frühjahrs.

Michael Groißmeier

Wie soll ich mich anfreunden

mit dem Frühling,
der mir ins Haus schneit
mit Lachen und Windstößen,
lilafarbenen Blüten des Flieders,
wenn ich noch nachhänge
dem eisgrauen Freund,
der mich schweigen lehrte
und das Laute verachten,
mich einschwor auf Schwarz
und auf Weiß:
auf Krähen und Schnee
und einige wenige
beschriebene Seiten!

Rolf Haufs

Karfreitag

Draußen: der stille Frühling.
Der Laiendarsteller Christus geht über die Berge
Von Sizilien. Toter Pasolini. Wir gedenken
Ihrer. Oleander.
Wieder Bilder aus der schizophrenen
Stadt: Heute fährt unser katholischer Nachbar Jauche.
Wir lassen an Fronleichnam die Säge laufen un-
Überhörbar wenn der Himmel
an unserem Haus vorbeigetragen wird.
Gelbe Blumen
machen sich auf in unsere Wohnzimmer das
Jährliche Gewitter von den Kanzeln herab. Mein
Vater sagt da geh ich nicht mehr hin und geht doch
Aber nur wegen
Bach. Ich nicht.
Als wir landeten in Igoumenitsa
roch Christus nach Blüten. Epitaph. Die
Lämmer schrien roh mißhandelt weil schon
aufgegeben. Die Flüsse hatten
noch Wasser. Wir wuschen unsere
Gesichter rein. Essigbäume.
Funkstille gegen
Drei (gibt es das noch?) Was ist mit der
Finsternis? Und siehe
die Erde zerriß
von obenan bis untenaus.
Alle hingerichteten Ideen – wir lieben.

Sarah Kirsch

Mai

Auf dem Dach der großen Klinik
Sitzen feiertags die Kranken
In gestreiften Bademänteln
Legen Finger auf die Wunden
Rauchen eine Zigarette

Auf der Erde ist das Gras grün
Gelbe Blumen sind darin
Und die weißen Küchenfrauen
Ziehen Karren mit Kartoffeln
Fleisch Kompott Gemüse. Wieder

Kommt ein Krankenwagen
Mit der Fahne und der schrillen
Stimme die um Eile schreit
Ach ich seh dich blütenblaß
Neben deinem Auto liegen

Christoph Meckel

Gedicht im April

Diese hellen Städte am Wasser, womöglich an
einer sauberen Küste im Frühjahr!
Der Himmel gibt seinen Vorrat an Leere frei,
unsere Augen fliegen davon und kommen nicht wieder;

die Hotels sind nicht mehr geheizt, doch wir liegen Haut an Haut
und schlafen im glänzenden Mittag, es fehlt uns nichts.

Helga M. Novak

Frühling

die Sonne hat mich heute
liederlich und liebestoll gemacht
das Leben
ist mein großes Fest

die Sonne hat aus mir
einen Possenreißer gemacht
der auf groben Luren
und Lusthölzern spielt

ich tanze in zertretnen Schuhen
durch die heiße Stadt
und lebe von den Resten
der schlechtgedeckten Tische

ich habe den Stolz
– die Fassade der Schwachen –
ausgespuckt wie Hagebutten
den Schmerz der auf mich zielt
breche ich wie Nüsse
und gehe davon und lache
denn auf der Straße lieben
mich neun von allen zehn

die Sonne hat aus mir
einen Landstreicher gemacht
der aus dem Häuserhafen
in die Wiesen flieht
ich werfe meine Schuhe
auf das nächste Dach
und mein letztes Hemd
bleibt im Sauerampfer liegen

die Sonne hat mich heute
liederlich und liebestoll gemacht
das Leben
ist mein großes Fest

Wolf Biermann

Die Mainacht

1
Und als ich die Mainacht ins Gewimmel
Am Boulevard Saint-Germain geriet
Da hatte das Volk von Paris seinen Himmel
Da tanzte das Pack den Bal de Paris
Drei Blasmusikanten machten ein' los
Drei Lumpengötter des fröhlichen Balls
Sie bliesen uns immer das gleiche Stück
Und die Seele sich aus dem Hals

2
Sie spielten schön, sie bliesen falsch
Sie spielten so falsch und so schön
Und drumherum 'ne Menschheit – du, nie
Hab ich so Menschen gesehn!

Wir hüpften in Schlangen wie Kinder los
Und rammelten durch das Gedränge
Und rissen mit rein: Bein, Bein, Bein und Bein
Schon tanzt und tanzt die Menge

3
Das singt und springt und juckelt los
Und jauchzt und japst und hechelt
Und schwitzt und keucht und kreischt und lacht
Und staunt und weint – und lächelt
Ich pack ein Mädchen, mich packt ein Kerl
Wir stampfen im Ringelreihn
Und dieser Mann! der Mann fühlt sich an
Wie tot. Der war aus Stein

4.
Wir drehn! und drehn! und ich dreh durch
Heiß macht das! heiß und kalt
Denn wo er hintrat, da schießen hoch
Die Rosen aus dem Asphalt
Ja, Rosen! Rosen, und ich reiß
Mir eine vom Rinnstein los
– da war meine Hand von Blut ganz schwarz
Woher kommt das Blut denn bloß!

5
Am nächsten Mittag schlenderte ich
Übern Saint-Germain-Boulevard
Und als ich an unsre Stelle kam
Da traf ich ihn wieder – na klar:
Groß, oben auf seinem Sockel stand
Danton – der Kerl! – Danton
Und auf seinem Haupt zwei Ratten der Luft
Die flatterten auf – und davon

6
Jetzt weiß ich auch, wo das Rot herkam
Der Saft von der Guillotine
Und unter dem Pflaster suppt ja noch
Das Blut der Pariser Commune
Mir tun meine Backen ganz schön weh
Und jetzt weiß ich auch warum:
Ich hab ja gelächelt die lange Nacht
Gelächelt so selig und dumm

7
Ja, als ich die Mainacht ins Gewimmel
Am Boulevard Saint-Germain geriet
Da hatte das Volk von Paris seinen Himmel
Da tanzten wir unsern Bal de Paris
Sie haben alle gelächelt da
In dieser Mainacht im Mai
– und gar nicht so dumm!
Und wer das nicht glaubt
– ich war ja selbst dabei

Peter Hamm

Abend im April

Wie wenig gehört
zu einem Paar!
Auf der Schwelle
hocken sie wieder
als liebe Leute,
stellen arglos aus
ihre Gefaßtheit.

Die Tische sind gedeckt
in den Wirtschaften
dem halbherzigen Hunger,
der leicht zu stillen ist.
Die Fenster füllen sich
leise mit Licht.

Jetzt rühren sich
wieder die Worte,
die unaussprechbaren,
der immer blinden
Begierde.

Schlafloser Schmerz
nimmt in mir
seinen Stammplatz ein.

Nein, nenn ihn
nicht schlaflos,
nenn ihn
wachen Schmerz.

Uwe Friesel

So am ersten warmen Tag

So am ersten warmen Tag
wenn einem der Wind
so durch das Hemd weht   die Sonne
so auf den Bauch
        im Gesträuch
und Dampfer tuten ab und zu
        auf der Elbe
und Du liegst da   und

keiner redet dazwischen
und die Sonne
und Ameisen
und der nächste Schornstein
einen Kilometer weg

Wolfgang Bauer

Märzwind

Wenn der erste Märzwind
meine verschlafenen Gedanken weckt
die gefroren in aller Welt herumliegen
wenn die Imkerhütten meiner Gehirnzellen
ihre Fenster öffnen
die Bienen ausschwärmen
und in leicht torkelndem Flug
wieder nach den Blüten suchen, die sie schon kennen
nach fernen Städten, Erinnerungen
wenn ich
langsam wachsend
über die blauen Berge Hawaiis sehe
hinein in den Dunst der Südsee
wenn der Wald sich erwärmt
im offenen Cabriolet meine Haare fliegen
will ich
alles so lassen, wie es jetzt ist

Keiner philosophischen Sekte möchte ich angehören
es wackeln die morschen Zäune meiner Ordnungen
nieder mit ihnen
hinaus vor das Haus meines Kopfes
der Sturm ist da

endlich flattern die ausgelesenen Zeitungen
sinnlose weiße Fetzen
abgeworfene Kokone
hinauf in die neue Luft
gefressen von hungrigen Raubvögeln
unter deren Schwingen ich überwintert habe
auf die Erde falle ich nicht mehr
nie wieder lerne ich die Gesetze der Schwerkraft
mein Atem
mein drittes Auge auf dem Segel des leisen Märzwindes
entweicht selbst dem letzten Kaleidoskop
im magischen Frühling will ich mich schwebend
erweitern
in die entstaubten Dinge gehen
ein schöner Gott

Die Zerzausung bin ich
luftige Post meiner selbst
falle ich über verschneite Hänge
über Liebende im feuchten Gras
über den Atlantik
energisch male ich Wellenkämme
und spiele mit den Schiffen im Hafen von Hongkong
ein schlimmes Kind bin ich
ich decke die Dächer ab
verscheuche den Dampf eurer Küchen
schrecke die Geister in den Kaminen
und mit den Toten tanze ich jede Nacht
daß die Grabsteine wackeln

Ich selbst bin der Märzwind
ich bin die pfeifende Kunst
die flüchtige Berührung bin ich
die Baumwipfel streichelt
geflogen werde ich von mir selbst
als Gedachtes seht ihr mich in der Sonne blitzen
als Ufo rase ich durch die Straßen von San Francisco

meine Geschwindigkeit ist nicht meßbar
eure quälenden Sätze
treibt meine Windhose
zu den ewig unverständlichen Spiralen von Sisyphos
mit meinem trepanierten Kopf könnt ihr Fußball spielen
ihr Kinder
Gefangene im kleinen Glück
in meine Welt könnt ihr nicht fallen
als Orkan rassele ich mit euren Ketten

Am späten Märzabend könnt ihr mich sehn
das schwarze Wolken-Schach bin ich
das Fließen der roten Farbe am Abendhimmel
ist mein langer Gruß
meine Lauheit fönt eure eigensinnigen Scheitel
unter denen ich einst zu Hause war
den Lehm der Materie knetend
frei bin ich jetzt
kein Gegenteil stellt sich in meine Bahnen
mein Glück schicke ich euch in den fliegenden Blättern

Manchmal aber
zwischen den Milchstraßen für euch betend
gelüstet es mich nach euren quälenden Freuden
euren abgezirkelten Regeln
nach eurer Moral

nach dem Großen
nach eurem Durst, mich zu trinken
manchmal möchte ich einer sein unter vielen
diese Wehmut verspürt ihr in meinen Liedern
nächtelang heule ich
an Äste hänge ich mich verzweifelt
befallen vom Heimweh nach euren Sehnsüchten
lieben und hassen möchte ich können
eure Sprache sprechen
wie ein trauriger Mensch in seinen vier Wänden

irre ich über die Landschaften
fege euch zornig die Hüte vom Kopf
und knirsche mit euren Türen

Ein flatternder Wunsch bin ich dann
unentrinnbar in meiner Freiheit lagernd
wälze ich mich schlaflos im Bett
meiner fliehenden Möglichkeiten

Hermann Burger

Das Wurfgitter

März: ein vertrautes Geräusch beim ersten Öffnen der Fenster,
Beißender Mottenrauch steigt bei der Hecke empor;
Zwygart siebt Erde, er wirft den Humus Schaufel um Schaufel
Schräg durch das Gitter aus Draht, gattert zum Kegel den Dung.
Schwarz der Kompost, aus den Blättern gewonnen, die wir im Neblung
Korbweise schichten zum Stock, Leintuch um Leintuch gefüllt,
Würzige Stumpen aus silbergefütterten Bundpäckchen rauchend,
Herbstliches Ritual, Pneuma vom Großvater her.
Dies, lieber Nachbar, ist unser bescheidener Beitrag zum Friedhof,
Denn der gesiebte Kompost wird für die Gräber gebraucht.
Jahr für Jahr auf Ostern werden die achthundert Beete
Abgeräumt und mit Stiefmütterchen reichlich geschmückt;
Naht das Pfingstfest, wird abermals umgestellt auf Begonien:
Dies ist der Zyklus des fried-höflichen Lebens bei uns.

Klopfe nur, Abdecker, Meister des Wasens, unter dem Fenster,
Schleudre den Moder durchs Sieb, karre das Häufchen zum Grab!
Mietweise schichten, verbrennen, verwandeln wir gärende Blätter,
Auch beim Gedichtschreiben bleibt Pfeifenerde zurück.

Karl Corino

Rückkehr

Frühling und Stiche
in der Brust

das Herz

Nein nichts
Übertragenes

Es sterben Gefäße ab
Narben bilden sich
in der Wand

Dazu Kratzer
im Zifferblatt

von der Mauer
gegen die du
gelaufen bist

Hugo Dittberner

Vorarbeiten im Garten

Weißblau im Aufblick, die erste Ahnung
vom Frühling, einen langen Tag
lang Gesang; – dann nichts als Grau
Verhangenes, ein verschwimmendes Bild
aus mutlosen Farben, das Immergrün
und das Immerbraun der Lebensbäume
in den Vorgärten, sauber geordnet
für trockene Blicke hinaus und Ruhe
hinter Gardinen. Warum leiden, fragt
der Nachbar und gräbt, nein, reißt sie
heraus, die Friedhofsbäume und ihre
gierigen Wurzeln. Mit Hacke, Schaufel
und bloßen Händen. Den größten besiegt
ein Trecker.

Ulla Hahn

Im Märzen

Im Märzen da reiß ich
den Samt vom Himmel der Sonne
mach ich die Laden dicht ich
hack der Krähe ein Auge

aus Amsel Drossel Fink und Star
dreh ich den Hals um dem Krokus
köpf ich die Knospen ich schmeiß
dir mit Veilchen die Fenster

ein jeder sehe wie
ichs treibe wenn
du nicht sofort
die Rößlein einspannst.

Ursula Krechel

Frühmärz

Sprech ich in diesem Frühjahr noch
von meiner arbeitslosen Liebe?
Die liegt danieder, krankt
im Zwielicht
Zugvögel haben sie entführt
die wehrt sich nie.
Hol ich sie ein im Flug?

Rockzipfel flattern
ich häng mich dran.
Komm! Die Luft ist rein
ich lock dich lock dich
tief in die Haselbüsche.

Bettina Wegener

Frühling und Sonne

Frühling und Sonne grau und verhangen
Flügel zerbrochen, du bist gegangen
Dennoch will ich in diesem Schweigen
Hoffnung und Wärme und Liebe zeigen

Trauer und Glück wohnen dicht zusammen
weil sie aus gleichem Elternhaus stammen
Ich brauche Wärme, friere alleine
und von der Kälte kommts, daß ich weine

Alles, was wehtut, kann mich zerbrechen
Schlaf ist im Unglück wie ein Versprechen
Mondlos die Nacht und Eis in den Bäumen
leg ich mich nieder, Liebe zu träumen

Georg Bulla

Märzlicht

Aus dem Winter überm See
taucht das Land wieder auf.

Hockte im Wald hinterm Rauch,
neben sich Säge und Axt.

Glatt vom Saft die geschälten Stämme,
wärmte sich an Feuer und Flasche.

Im Talschatten der dunkle Schnee,
das Land ist da, wenn nötig.

Ulrich Horstmann

Frühling

Alles steht wieder
in Blüte

Es juckt
das Fell
an windstillen Orten

Man macht
sich frei

Tröpfelnd
fahren die Spritzen
in die
Allergiker

Jürgen Fuchs

Jetzt ist es März

witzig

Jetzt ist es März
Und Lili
Mit ihrem blauen
Etwas zu großen Anorak
Wirft sich ins gelbe Wintergras

Und was
Wird im Mai werden?

Gerhard Falkner

allenthalben blüht schon der seidelbast

allenthalben blüht schon der seidelbast
der märz zerfleischt den letzten schnee
und zähmt sich eiserne finken, wäschestücke
in den wind gegurtet, knallen an die wand
man darf sich auf wärmere tage gefaßt
machen, das frühjahr wird seine cellophane
schweifen lassen bis hin an die unzerstörbare
trugdolde der hochdruckkessel, schneid mir
das fleisch aus, wo es vom winter noch
schwarz ist, sogar der schrott wird blühn
bis tief hinein in die siedlungsdichten wird
er blühn, wir nehmen uns ein billiges hotel
für solche flitterwochen
falls man uns dann findet, – ingrimmig hoffende
wird auch dort die nacht schon gewesen sein
mit ihren verhüllenden tüchern

Uwe Michael Gutzschhahn

Vorfrühling

Heute duftete die Erde neu
aus getautem Boden
der Himmel blähte sich auf
das Land sah jung aus

Und ich dachte:
auch wir sollten
einen neuen Anfang machen
den Wind und das Licht nutzen
aber wir sitzen weiter
im Dunkeln

Uwe Kolbe

Märzschneckenfund

Für Silvia K.

Während ich atemlos liege im braunen Laub,
klappern kalkige Skelette im Wind:
Schneckenhäuser
in grüner grauer lascher Landschaft;
wartet ihr so auf den Frühling?
Wartet am toten Ort mit totem Turm,
zwischen den Moorgesichten?
Neben uns spielen Kinder an verborgnem See,
blind und taub jedoch seid ihr.
Ich grabe und grinse euch aus,

faulige Blüher, ich wasche euch rein.
Ihr seid von so skurriler Blödheit,
so ungeklärt im bleichen Ausdruck,
gleiche, hornlose Und-Natur.

Seid Lustobjekt und Spielzeug nun,
zu Willen meiner Frau und Sohn,
versuchen wir zu leben miteinander
im frühen, hörbar Jahr.

Nachweise

Wir danken den nachstehend genannten Verlagen und Rechtsinhabern für die freundliche Genehmigung des Abdrucks.

AICHINGER, ILSE: An einen 4. März, aus: Verschenkter Rat. © S. Fischer Verlag GmbH, Frankfurt am Main, 1978

AUSLÄNDER, ROSE: Amseln, Mai, Ich habe, aus: Und preise die kühlende Liebe der Luft. Gedichte 1983–1987, © S. Fischer Verlag GmbH, Frankfurt am Main, 1988

BACHMANN, INGEBORG: Sterne im März, aus: Die gestundete Zeit. © R. Piper & Co. Verlag, München, 1957

BAUER, WOLFGANG: Märzwind, aus: Das Herz. © Residenz Verlag, Salzburg u. Wien, 1981

BECHER, JOHANNES ROBERT: Ode im Frühling 1916, aus: Gedichte 1911–1918. © Aufbau Verlag, Berlin Weimar

BECKER, JÜRGEN: April is the cruellest month, aus: Gedichte 1965–1980. © Suhrkamp Verlag, Frankfurt am Main, 1981

BIERMANN, WOLF: Die Mainacht, aus: Verdrehte Welt – das seh' ich gerne. © Verlag Kiepenheuer und Witsch, Köln, 1982

BOBROWSKI, JOHANNES: An Hölty, aus: Wetterzeichen. © Verlag Klaus Wagenbach, Berlin, 1967

BRECHT, BERTOLT: Epistel an die Augsburger, aus: Gesammelte Werke, Bd. 3. © Suhrkamp Verlag, Frankfurt am Main, 1967. Das Frühjahr, Über das Frühjahr, aus: Gesammelte Werke, Bd. 1. © Suhrkamp Verlag, Frankfurt am Main, 1967

BRITTING, GEORG: Vorfrühling, Von einem Hügel aus, aus: Gedichte 1919–1939. © Nymphenburger Verlag in der F. A. Herbig Verlagsbuchhandlung GmbH, München
Vorfrühlingswiesen, aus: Frühe Werke. © Süddeutscher Verlag, München, 1987

BULLA, GEORG: Märzlicht, aus: Weitergehen. © Suhrkamp Verlag, Frankfurt am Main, 1980

BURGER, HERMANN: Das Wurfgitter, aus: Kirchberger Idyllen. © S. Fischer Verlag GmbH, Frankfurt am Main, 1980

CAROSSA, HANS: Frühling, aus: Gedichte. © Insel Verlag, Frankfurt am Main, 1962

CELAN, PAUL: Bergfrühling, aus: Gesammelte Werke. © Suhrkamp Verlag, Frankfurt am Main, 1983

CORINO, KARL: Rückkehr, aus: Tür-Stürze. © S. Fischer Verlag GmbH, Frankfurt am Main, 1981

DITTBERNER, HUGO: Vorarbeiten im Garten, aus: Ruhe hinter Gardinen. Gedichte 1971 bis 1980. Rowohlt Taschenbuch Verlag GmbH, Reinbek b. Hamburg, 1980. © Hugo Dittberner

DOMIN, HILDE: Der Frühling ein riesiger Specht, aus: Gesammelte Gedichte. © S. Fischer Verlag GmbH, Frankfurt am Main, 1987

EICH, GÜNTER: Frühling in der goldenen Meil, aus: Gesammelte Werke, Bd. 1. © Suhrkamp Verlag, Frankfurt am Main, 1973
März, aus: Ein Lesebuch. © Suhrkamp Verlag, Frankfurt am Main, 1972

ENZENSBERGER, HANS MAGNUS: April, aus: Verteidigung der Wölfe. © Suhrkamp Verlag, Frankfurt am Main, 1957

FALKNER, GERHARD: allenthalben blüht schon der seidelbast, aus: So beginnen am Körper die Tage. Gedichte, 1981. © Luchterhand Literaturverlag, Frankfurt/Main

FRIESEL, UWE: So am ersten warmen Tag, aus: Aufrecht Flußabwärts. Wilhelm Heyne Verlag GmbH & Co. KG, München, 1984. © Uwe Friesel

FRITZ, WALTER HELMUT: Früh im Jahr, aus: Gesammelte Gedichte. © Hoffmann und Campe Verlag, Hamburg, 1979

FUCHS, GÜNTER BRUNO: Polizist im Frühling, aus: Pennergesang. © Carl Hanser Verlag, München Wien, 1965

FUCHS, JÜRGEN: Jetzt im März, aus: Pappkameraden. © Rowohlt Taschenbuch Verlag GmbH, Reinbek b. Hamburg, 1981

GROISSMEIER, MICHAEL: Wie soll ich mich anfreunden, aus: Schnee auf der Zunge. © Franz Schneekluth Verlag, München, 1983

GUTZSCHHAHN, UWE MICHAEL: Vorfrühling, aus: In der Hitze des Mittags, 1983. © Oberbaum Verlag, Berlin

HAHN, ULLA: Im Märzen, aus: Herz über Kopf. © Deutsche Verlagsanstalt, Stuttgart, 1981

HAMM, PETER: Abend im April, aus: Die verschwindende Welt. Gedichte. © Carl Hanser Verlag, München Wien, 1985

HASL, JOSEF: Pappelflaum, Krokus, aus: Gezeiten. Ausgewählte Gedichte 1965–1990. © Ehrenwirth Verlag, München 1990

HAUFS, ROLF: Karfreitag, aus: Die Geschwindigkeit eines einzigen Tages. Rowohlt Taschenbuch Verlag GmbH, Reinbek b. Hamburg, 1976. © Rolf Haufs

HESSE, HERMANN: Märzsonne, Frühling, aus: Gesammelte Werke, Bd. 1 Gedichte. © Suhrkamp Verlag, Frankfurt am Main, 1970

HEYM, GEORG: Frühjahr, aus: Gedichte. R. Piper GmbH & Co. KG, München, 1986
April, aus: Dichtungen und Schriften, Bd. 1 Lyrik. © Verlag C. H. Beck, München, 1986

HOFMANNSTHAL, HUGO VON: Vorfrühling, aus: Gedichte. © Insel Verlag, Frankfurt am Main, 1970

HORSTMANN, ULRICH: Frühling, aus: Schwedentrunk. © S. Fischer Verlag GmbH, Frankfurt am Main, 1989

HUCH, RICARDA: Still vom Frühlingsabendhimmel, aus: Herbstfeuer. Gedichte. © Insel Verlag Frankfurt am Main

HUCHEL, PETER: Die dritte Nacht April, Löwenzahn, aus: Die Sternenreuse. Gedichte 1925–1947. © R. Piper & Co. Verlag, München, 1981

JANDL, ERNST: der frühling, aus: der gelbe Hund, 1980. © Luchterhand Literaturverlag, Frankfurt/Main

KÄSTNER, ERICH: Der Mai, Besagter Lenz ist da, aus: Gesammelte Schriften für Erwachsene, Bd. 1 Gedichte. Atrium Verlag, Zürich, 1969. © Erich Kästner Erben, München

KALÉKO, MASCHA: Nennen wir es »Frühlingslied«, aus: In meinen Träumen läutet es Sturm. © Deutscher Taschenbuch Verlag GmbH & Co. KG, München, 1977.
Nachdenkliches Pfingstgedicht, aus: Das himmelblaue Poesie-Album. © arani Verlag GmbH, Berlin, 1979

KASCHNITZ, MARIE LUISE: Jener April, aus: Kein Zauberspruch. Gedichte. © Insel Verlag, Frankfurt am Main, 1972
April der Kinderzeit, aus: Überallnie. Gedichte. © Claassen Verlag GmbH, Hamburg, 1965

KIPPHARDT, HEINAR: Angelsbrucker Notizen 3, Angelsbrucker Notizen 4, aus: Angelsbrucker Notizen. © Rowohlt Taschenbuch Verlag GmbH, Reinbek b. Hamburg, 1985

KIRSCH, RAINER: Kein Winter fiel, aus: Auszog das Fürchten zu lernen. © Rowohlt Taschenbuch Verlag GmbH, Reinbek b. Hamburg, 1978

KIRSCH, SARAH: Mai, aus: Zaubersprüche. © Verlag Langewiesche-Brandt, Ebenhausen bei München, 1974

KOLBE, UWE: Märzschneckenfund, aus: Hineingeboren. Gedichte 1975–1979. © Aufbau Verlag, Berlin Weimar, 1980

KOLMAR, GERTRUD: Frühlingslied, aus: Frühe Gedichte (1917–1922). Wort der Stummen (1933). © Kösel Verlag, München, 1980

KRAUS, KARL: Vallorbe. Mai 1917, aus: Gedichte. © Suhrkamp Verlag, Frankfurt am Main, 1989

KRECHEL, URSULA: Frühmärz, aus: Verwundbar wie in den besten Zeiten. Gedichte, 1979. © Luchterhand Literaturverlag, Frankfurt/Main

KROLOW, KARL: Im Frühling, Blühen, aus: Landschaften für mich. Neue Gedichte. © Suhrkamp Verlag, Frankfurt am Main, 1966
Neues Wesen, aus: Gesammelte Gedichte. © Suhrkamp Verlag, Frankfurt am Main, 1965/75
Gute Nacht, Cartesianischer Mai, aus: Meine Gedichte. © Suhrkamp Verlag, Frankfurt am Main, 1990

KUNZE, REINER: Erster Frühlingstag, aus: Sensible Wege. © Rowohlt Taschenbuch Verlag GmbH, Reinbek b. Hamburg, 1976

LANGGÄSSER, ELISABETH: Frühsommer, Mystischer Frühling, Vorfrühlingswald, Frühling 1946, aus: Gesammelte Werke, Bd. 4 Gedichte, 1959. © Claassen Verlag GmbH, Düsseldorf

LASKER-SCHÜLER, ELSE: Frühling, Maienregen, aus: Gesammelte Werke in 3 Bdn., Bd. 1 Gedichte 1902–1943. © Kösel Verlag, München, 4. Aufl. 1990

LE FORT, GERTRUD VON: An das Licht, aus: Gedichte. © Insel Verlag, Frankfurt am Main, 1953

LERNET-HOLENIA, ALEXANDER: Der Frühling, aus: Das lyrische Gesamtwerk. © Paul Zsolnay Verlag Gesellschaft m. b. H., Wien/Darmstadt, 1989

LOERKE, OSKAR: Die Frühlingsfähren, Rondell vom Himmelbett, aus: Die Gedichte. © Suhrkamp Verlag, Frankfurt am Main, 1958

MARTI, KURT: frühling, aus: Der Vorsprung Leben. Ausgewählte Gedichte 1959–1987. © Luchterhand Literaturverlag, Frankfurt/Main, 1989

MECKEL, CHRISTOPH: Gedicht im April, aus: Hundert Gedichte. © Carl Hanser Verlag, München Wien, 1988

MEISTER, ERNST: Es war Mai, aus: Wandloser Raum. Gedichte. © Rimbaud Verlag, Aachen, 1979

MORGENSTERN, CHRISTIAN: Vorfrühling, Butterblumengelbe Wiesen, aus: Gesammelte Werke in einem Band. © R. Piper & Co. Verlag, München, 1965

NOVAK, HELGA M.: Frühling, aus: Grünheide Grünheide, 1983 © Luchterhand Literaturverlag, Frankfurt/Main

PIONTEK, HEINZ: Er merkt, daß es Zeit wird, aus: Wie sich Musik durchschlug. © Franz Schneekluth Verlag, München, 1978

RILKE, RAINER MARIA: Frühling ist wiedergekommen, Weißt du nicht, wird der Rotdorn bald, Die Nacht der Frühlingswende, Vorfrühling, aus: Sämtliche Werke. © Insel Verlag, Frankfurt am Main, 1955

SACHS, NELLY: Wenn im Vorsommer, aus: Fahrt ins Staublose. © Suhrkamp Verlag, Frankfurt am Main, 1961

SCHAEFER, ODA: April, Mai, aus: Wiederkehr. Ausgewählte Gedichte. © R. Piper GmbH & Co. KG, München, 1985

SCHAUMANN, RUTH: Der frühlinghafte Tod, aus: Die Sternnacht. Kösel Verlag, München, 1959. © Andreas Fuchs

SCHLESAK, DIETER: Lenz Märchen der Sinne, aus: Weiße Gegend. Rowohlt Taschenbuch Verlag GmbH, Reinbek b. Hamburg, 1981. © Dieter Schlesak

SCHNEIDER, REINHOLD: Italienischer Frühling, aus: Gesammelte Werke, Bd. 8 Gedichte. © Insel Verlag, Frankfurt am Main, 1981

SCHRÖDER, RUDOLF ALEXANDER: Frühlingsanfang, aus: Fülle des Daseins. © Suhrkamp Verlag, Frankfurt am Main, 1958

STADLER, ERNST: Frühlingsnacht, aus: Dichtungen, Schriften, Briefe. Kritische Ausgabe. Herausgegeben von Klaus Hurlebusch und Karl Ludwig Schneider. © Verlag C. H. Beck, München, 1983

TRAKL, GEORG: Im Frühling, Frühling der Seele, Ein Frühlingsabend, Heiterer Frühling, aus: Das dichterische Werk. © Otto Müller Verlag, Salzburg

TUCHOSLKY, KURT: Vorfrühling, Der Lenz ist da, aus: Gesammelte Werke in 10 Bdn., Bd. 1. © Rowohlt Verlag GmbH, Reinbek b. Hamburg, 1960

WALSER, ROBERT: Frühling (I), Frühling (II), aus: Gesammelte Werke, Bd. VII. © Suhrkamp Verlag, Zürich/Frankfurt am Main, 1978. Abdruck mit Genehmigung der Inhaberin der Rechte, der Carl Seelig-Stiftung Zürich

WEGENER, BETTINA: Frühling und Sonne, aus: Von Deutschland nach Deutschland ein Katzensprung. Rowohlt Taschenbuch Verlag GmbH, Reinbek b. Hamburg, 1986. © Bettina Wegener

WÜHR, PAUL: Wann treffen sich ihre zwei Schenkel, aus: Grüß Gott ihr Mütter, ihr Vater, ihr Töchter, ihr Söhne. Gedichte. © Carl Hanser Verlag, München Wien, 1976

Lyrik bei Piper

Anna Achmatowa
Im Spiegelland
Ausgewählte Gedichte. Herausgegeben von Efim Etkind.
217 Seiten. Serie Piper 833

Alte Wunder wieder scheinen
Gedichte der Romantik. Herausgegeben von Walter Flemmer.
Mit 10 Dichterporträts. 302 Seiten. Serie Piper 714

Jehuda Amichai
Wie schön sind deine Zelte, Jakob
Gedichte. Aus dem Hebräischen von Alisa Stadler, ausgewählt von Simon Werle, mit einem Nachwort von Christoph Meckel.
166 Seiten. Leinen

W. H. Auden
Anrufung Ariels
Ausgewählte Gedichte. Englisch/Deutsch.
Aus dem Engl. von Erich Fried, Hans Egon Holthusen, Ernst Jandl, Simon Werle. 153 Seiten. Serie Piper 842

Ingeborg Bachmann
Anrufung des Großen Bären
Gedichte. 79 Seiten. Serie Piper 307

Ingeborg Bachmann
Die gestundete Zeit
Gedichte. 63 Seiten. Serie Piper 306

Ingeborg Bachmann
Liebe: Dunkler Erdteil
Gedichte aus den Jahren 1942–1967. 61 Seiten. Serie Piper 330

Piper 66/2a

PIPER

Lyrik bei Piper

Jossif Brodskij
Einem alten Architekten in Rom
Gedichte. Aus dem Russ. von Karl Dedecius, Rolf Fieguth und Sylvia List. 122 Seiten. Serie Piper 506

Diether Dehm
Unschuld kommt nie zurück
Lieder und Gedichte. Mit einem Vorwort von Peter Maffey.
128 Seiten. Serie Piper 751

Joseph von Eichendorff
Gedichte
Nach den Fassungen der Erstdrucke ausgewählt und mit einem Nachwort von Hans Dieter Schäfer.
134 Seiten. Serie Piper 844

Erklär mir, Liebe
Liebeslyrik deutscher Dichterinnen.
Herausgegeben von Kurt Marian Wunder.
160 Seiten. Serie Piper 704

Salvador Espriu
Der Wanderer und die Mauer
Ende des Labyrinths · Die Stierhaut
Gedichte. Aus dem Katalanischen übertragen und mit einer Einleitung und einem Nachwort versehen von Fritz Vogelsang.
165 Seiten. Serie Piper 1083

Ludwig Fels
Der Anfang der Vergangenheit
Gedichte. 118 Seiten. Geb.

Piper 66/3b

PIPER

Lyrik bei Piper

Fritz Rudolf Fries
Herbsttage im Niederbarnim
Gedichte. 99 Seiten. Leinen

Gert Heidenreich
Eisenväter
Gedichte. 117 Seiten. Geb.

Georg Heym
Gedichte
Ausgewählt und mit einem Nachwort von Harald Hartung.
123 Seiten. Serie Piper 494

Herbstlich helles Leuchten überm See
Chinesische Gedichte aus der Tang-Zeit.
Ausgewählt, übertragen und mit einem Vorwort versehen von Günther Debon.
100 Seiten. Serie Piper 1098

Günter Kunert
Lesarten
Gedichte der Zeit. 131 Seiten. Serie Piper 731

Giacomo Leopardi
Canti · Gesänge
Italienisch / Deutsch. Aus dem Italienischen von Hanno Helbling.
Mit einem Nachwort von Horst Rüdiger. 314 Seiten. Serie Piper 1022

Edgar Lee Masters
Die Toten vom Spoon River
Aus dem Amerik. von Wolfgang Martin Schade.
Mit einem Nachwort von Fritz Güttinger.
258 Seiten. Serie Piper 504

PIPER

Piper 66/7 c

Lyrik bei Piper

Eugenio Montale
Glorie des Mittags
Ausgewählte Gedichte. Italienisch / Deutsch.
Übertragen und mit einem Nachwort von Herbert Frenzel. 176 Seiten. Geb.

Eugenio Montale
Satura – Diario
Gedichte aus den späten Zyklen. Italienisch / Deutsch.
Aus dem Italienischen von Michael Marschall von Bieberstein.
191 Seiten. Serie Piper 947

Pier Paolo Pasolini
Gramsci's Asche
Gedichte. Italienisch / Deutsch.
Mit einem Nachwort von Michael Marschall von Bieberstein.
Aus dem Ital. von Toni Kienlechner. 192 Seiten. Serie Piper 313

Pier Paolo Pasolini
Die Nachtigall der katholischen Kirche
Gedichte. Italienisch / Deutsch.
Aus dem Ital. von Toni und Bettina Kienlechner. 218 Seiten. Serie Piper 560

Salvatore Quasimodo
Das Leben ist kein Traum
Ausgewählte Gedichte. Italienisch / Deutsch. Übertragung und Nachwort von Giami Selvani. 69 Seiten. Serie Piper 696

Jannis Ritsos
Das letzte Jahrhundert vor dem Menschen
Gedichte. Aus dem Griechischen von Niki und Hans Eideneder.
68 Seiten. Serie Piper 902

Piper 66/4d

PIPER

Lyrik bei Piper

Russische Lyrik
Gedichte aus drei Jahrhunderten.
Ausgewählt und eingeleitet von Efim Etkind.
575 Seiten. Serie Piper 770

Jaroslav Seifert
Der Halleysche Komet · Der Regenschirm von Piccadilly · Die Pestsäule
Gedichte. 247 Seiten. Serie Piper 755

Kundeyt Şurdum
Unter einem geliehenen Himmel
Gedichte. Mit einem Nachwort von Michael Köhlmeier.
119 Seiten. Serie Piper 817

Georg Trakl
Abendländisches Lied
Gedichte. Ausgewählt und mit einem Nachwort von Jürg Amann.
126 Seiten. Serie Piper 514

Giuseppe Ungaretti
Ich suche ein unschuldiges Land
Gedichte. Italienisch/Deutsch. Übertragung und Nachwort von Michael Marschall von Bieberstein.
316 Seiten. Leinen

Lope de Vega
Wir leben in zwei Zeiten
Lieder und Romanzen. Herausgegeben von Erwin Walter Palm.
96 Seiten. Serie Piper 809

Piper 66/3e

PIPER